不登校から脱出する方法

石川瞭子

青弓社

不登校から脱出する方法／目次

第2章　不登校、そのとき父はどうしたか――三人の親と二人の援助者の手記　34

第3章　現代の不登校の六類型と援助の方法　103

装丁――伊勢功治

まえがき──臨床の現場から

この本は、不登校──学校に行かなくなった子どもたちの問題をどうしたら解決できるかと思い悩んでおられる家族と、その家族をフォローする立場にある援助者──カウンセラーや教師の方々に読んでいただきたいと思っています。

私、石川瞭子は、いま岡山県にあります川崎医療福祉大学で教師をしています。これまで二十年間に公立の相談機関で不登校の相談にあたってきました。臨床心理士でドクターオブソーシャルワーカーです。

その経験をとおして、いま、教育や医療の現場でおこなわれている「不登校」の援助の実際について、疑問に思っていることがあります。それは次の五つです。

一つ目の疑問は、「なぜ心理的に援助するさいに、インフォームドコンセント（合意による治療）がおこなわれていないのか」という点です。

近年不登校に関して児童相談所・教育相談所・家庭児童相談室・病院などさまざまな援助する機関が日本にはできています。また、そのなかには、さまざまな手法で心理的な援助をする人たちがいるのです。ところが、その援助機関を利用する親や子どもの立場からすると、たとえ援助機関を選べても、誰に援助してもらえるのか、どんな援助方法でアプローチしてもらえるのか、選択肢を提示されていないのが現状です。援助の方法は、その家族を担当した援助者が決めています。ほかの選択肢は示されないのです。相談に訪れた家族は、ほとんどといっていいのですが、援助者から、援助の方法についての説明を受けません。さらに、この援助方法を実施するとどのような効果があるのか、あるいはどのような危険性があるのかなどの予測される事態の説明を受けることもほとんどありません。例外があればそれはうれしいことですが。心理的な援助を利用者におこなうさい、援助の方法、そして予想される結果について、説明の責任が援助者側にあるのではないかとつねづね私は思っています。

二つ目の疑問は、「なぜ心理的な援助の方法に、有効期限がないのだろうか」という点です。たとえば、三十年以上前に提案された援助の手法を現在も引き続き採用している現場が少なくないのです。社会も私たちの暮らしも、当然ながら三十年前に比べると様変わりしています。当然ながら学校に行かない——不登校の状態像も大きく変化しています。ですから、もし援助した結果が思わしくないのであれば、援助の手法そのものが時代と社会に合っていないのかもしれないのです。また、その援助の方法が効果的でなかったから、現在も不登校数の増加が続いているとも考えられるのです。援助する側は、自分がおこなっている手法がはたして現在の現実の不登校の現状に適切なものなのか、時代の要請に見合っているかどうか、検討し直す必要があるのではないかと思うのです。

三つ目の疑問は、「いま学校に行かない子どもたちに対して社会はやさしさをはきちがえていないだろうか」ということです。

よくこういう言葉に出合います。「学校に行かなくともいいではありませんか」。この言葉に代表される、不登校の子らに対する現代社会の「やさしい」態度は、本当に「やさしい」心のあらわれなのでしょうか。私はこの「やさしさ」が、現実に突き付けられている不登校という問題を曖昧にして、不登校の解決を先送りにして、長引かせ、さらには「あの子がやっているなら私もぼくも」という、不登校の便乗組というおまけまでも数多く発生させているのではないのかと疑っています。踏み込んでいえば、「不登校の子どもたちに対する現代社会のやさしさはまやかしで、やさしさというレトリックによる虐待ではないか」とさえ私は思っているのです。いま、不登校のかたちは変化し、いろいろなかたちに分化しています。なかには、いいことをしている気分で不登校をしている子どももいます。こういう子どもと向き合うたびに私は、「学校に行かなくともいいではありませんか」といったやさしい言葉が学校や援助の関係者から口にのぼることに疑問をもっているのです。

疑問の四つ目。「不登校がいまや権利として語られることになったこと」に対する疑問です。二〇〇一年度（平成十三年度）の文部科学省の追跡調査によると、不登校の児童生徒のうち、男子で一一・二パーセント、女子で五・四パーセントがみずから選んで不登校を始めているそうです。このように、学校に行かないという権利を主張し、在宅で明るく不登校する子どもが少なからず存在します。「不登校」する権利はいまや時代の気分といってもいいでしょう。しかし次のことを忘れてはいないでしょうか。「不登校」する権利が認められていても「不就労」——働かないという権利が保証されていることではないことを。言わずもがなのことですが、権利を主張することはその結果の責任を引き受けることを前提にしているはずです。それではいま「不登校」をしている子どもたちは、その結果引き起こされる可能性――職につくチャンスが狭まるなどの将来の結果を承知・覚悟のうえでいまの自分の「不登校」の権利を選んでいるのでしょうか。それは家族にとっても同じです。

五つ目の疑問はこうです。「なぜに親は、不登校の子どもがふたたび登校することを願ってはいけないのでしょうか」という疑問です。

私は現在の不登校の子どもの多くは、学校に行くことができないからつらくなっている、とみています。なんとなく始めた不登校、しかしいざ学校に戻ろうと思うと、思ったよりむずかしく、子どもはそれに当惑している、ということを臨床の現場で痛感しています。さらには親が学校や援助機関に相談に行くと、「学校に戻さなくても」など、まるで再登校を願うことはいけないことだと諭されることが多いのです。なかには学校に戻ることを願う親に対して「身勝手」「親のエゴ」と批判する援助者がいるということも聞いています。そうした援助者も、不登校の子どもたちに一日でも早く教室に戻ってほしいと本音では願っているはずです。子ども、親、学校などの援助者、三者の思いは一つのはずなのに、それぞれの思いとはかけはなれて援助が展開されているのはどうしてなのだろうかと私は疑問なのです。

これら五つの疑問は、私が不登校の援助の現場にいたときからいだきつづけてきたものです。この疑問に今回は正面きって取り組み、私なりの解答を引き出してみたいと思います。

この本を読み進むにしたがって、家族側からすれば、いままで援助は「与えられるものだ」と錯覚していたことに気づいていただけるという願いも込めた確信をもっています。「不登校」解決の援助にかぎらず、援助は利用者と援助者がともに創りあげていく関係という過程に意味があります。不登校に焦点をあてるならば、「不登校」の解決は、「再登校」という結果ではなく、それを可能とする家族間、子どもと教師や学校のあいだの関係の構築こそが援助の目的なのです。もちろん基本となる軸は子と親の関係なのですが、次の段階として親が、学校などとの関係を再構築する過程は、とりもなおさずその子どもが学校という社会との関係を再構築するために欠くことのできないお手本となることを申し上げておきましょう。

この本の前に、私は『不登校と父親の役割』（青弓社）という本を書きました。今回はいわばその続篇として考えています。『不登校と父親の役割』で私は、現代の不登校の問題に対して親が解決する方法について、父親が出番となる援助の方法を「父親による第二の出産」と位置づけて提唱しました。今回は『不登校と父親の役割』で言い足りなかったところを補い、多様になってきた現代の不登校のかたちを六類型に分けて詳しく説明し、援助の方法も、たくさんの事例をあげて具体的に紹介しようと試みました。読まれた方が、身近に起こっていることを引き比べて検討し、解決の糸口としていただける機会となればと願っています。

この本では、不登校のなかでもとくに「校内型不登校」と私が名づけた型の子どもにどう対応していくかに関する問題点を後半の章でとりあげ、実際の例をもとに、検討していきます。校内型不登校——つまり、学校には行っているけれども、授業に出ていない、しかしながら出席として扱われている例で、私はそれも隠れた「不登校」であると考え、この増加をとても心配しています。その子どもたちは校内にいながら公教育から放置された状況にあるのです。私はその子たちを「やさしさによる被虐待児」と呼び、不登校児として真剣にかかわるべきであると考えています。一緒に考えていただけると幸いです。私の疑問とそれに対する検討の過程が、それぞれの家族の現代の不登校の援助のヒントになればと切に思ってやみません。

第1章　不登校を解決するための統合類型をつくったわけ
——じつは学校に戻りたい、不登校の子どもたち

「不登校は基本的に日々の暮らし——生活の問題」。私はそう考えています。生活には学校生活と家庭生活があります。率直に言って、不登校になる子どもの支援とは、父親・母親、祖父母、教師、きょうだい、友達——本人にかかわる人すべてが自立した生活を送れるよう支援することだと考えています。

一人の子どもが不登校の状態からふたたび学校に行くようになることは、もちろん一つの重要な目的なのですが、それを可能にする周囲との関係の再構築、そして同時に本人にかかわる周囲の人びとの自立を促すことが、それ以上に大切だと痛感しています。その支援をおこなわないと、問題は解決しないとさえ思っています。不登校の解決には、本人と周囲のそれぞれの成長が求められるのです。

意外に思われる方もいるでしょうが、不登校の解決への一歩は、まず親が生活を変化させることから始まります。そして学校と援助関係者は、親が不登校の解決を主体的に実行するのを支援すべきなのです。

不登校の子の多くは、学校に戻りたいと考えています。そして親の多くはもう一度、わが子が元気に登校する姿を見たいと熱望しています。さらに学校関係者（以下、援助者と呼ぶ）は一日でも早く不登校の子が教室に戻ることを待ち望んでいます。三者の思いは一致しているのです。あとは誰が、いつ、どのように立ち上がるかが問題なのです。

不登校の子は、それを父親が実行してほしいと願っています。母親でも援助者でもなく、父親に立ち上がってほしいと子は願っています。なぜ私がこう言いきれるのか。私はこれまで二十年間に千件近くの不登校の援助をしてきましたが、その結果の現実です。父親が登場して失敗したケースはほとんどありません。むしろ、父親が登場しないとほとんどうまくいっていません。不登校の解決における父親の役割は、じつに大きなものがあります。お父さん、あなたの出番なのです！　父親が不登校の解決に参加するかしないかで援助の成否が決まるといっても過言ではありません。それでは父親が不登校の解決の中心を担うことで達成されることはなんなのでしょうか。それは、学校と家庭の関係の再構築と、子を含む関係者のそれぞれの生活の自立なのです。

現代は不登校に関してさまざまな考えや意見があります。さまざまな考え方や生き方があっていいと私も思います。そうした人びとに私の考えを押し付ける気はありません。しかしもし現在、不登校の子どもの暮らし方に疑問を感じている方、また将来の子の生活に不安をいだいている方にとっては私の考えがお役に立つのではないかと考えています。

ただし、ここでお断りしておく必要があるでしょう。この本は十五歳前後までの子どもの不登校についてと、対象を定めています。ぜひともこの方法を、なるべく早いうちに、子どもが中学校を卒業するまでに役立てていただきたいと考えています。

１　不登校のいま、そして、援助者の対応は？

二〇〇一年度、文部科学省の学校基本調査によると、一年間に三十日以上学校を休んだ不登校の小中学生は、十三万四千人にのぼったことが明らかになりました。それは文部省（当時）が不登校の調査を始めて以来、最多を更新しています。不登校になる引き金でいちばん多かったのは、いじめや教師不信、親子関係で、集団生活への漠然とした不安や緊張や無気力などと続きます。その背景分析として同省では、子どもたちのコミュニケーション能力が低下していること、学校に価値を見いだせず学校に行かずに好きなことをするタイプが登場したこと、の二点をあげています。とくに「無理に学校に行く必要はない」と考える保護者が増えて学校離れが進んでいる、と分析しています。同省ではそうした動きに対応してスクールカウンセラーなどをいま以上に全国に配置する計画だとか。またフリースクールなどの民間施設の公的支援を求める声にも対応を開始した模様です。

不登校が現代のわが国の代表的な社会的な問題といわれるようになってかなりたちます。不登校に代表される現代の教育問題は、わが国の社会を根本的に変えてしまうほどの勢いにあるとみていいでしょう。不登校だけでなく、いじめ問題や校内暴力、学級崩壊など次々に発生する教育上の諸問題は、その場しのぎの対策に追われた行政の失策だという指摘は、あながち否定できない部分があると思わざるをえません。

このままではいけないという危機感は、むろん私にかぎらず、関係者の共通した思いでしょう。しかしながら不登校問題を例にしても、それを解き明かそうとするときに、あまりの膨大な諸説を前に無力感に打ちのめされてしまうのは私だけではないでしょう。不登校などの教育の問題に対する痛切な思いが、多様な諸説を生み出した面があります。それらの諸説のすべてを満足させる援助の方法は見つからないにちがいないと考えています。不登校の問題を論じる数に比べ、援助の方法があまりに貧相であるのは、そうした背景があるからだとみています。

ちなみに現代の不登校という言葉が世にでるようになって十年以上がたっています。明るい不登校、新しいタイプの不登校という呼び方も十年以上前から使用されています。しかしながらそれらの不登校の内実は、十分に解き明かされてきたとはいえません。とくに、不登校の援助を具体的にどうするかということに関する議論は、ほとんどなされてこなかったというのが現状です。

現代型の不登校に関しての援助者の態度は、大きく三つに分けられると思います。その一、「現代型の不登校は出現して十年しか経過していないから理由も原因もまだわからない。したがって現状は援助の方法は特定できない」と考えるタイプで、医療関係者や研究者に多く見られる傾向があります。その二、「現代型の不登校は子の所属する学校と家庭が問題であって、学校と家庭のあり方の点検が必要である」と考えるタイプで、教育相談や学校関係者に多く見られる傾向があります。その三、「不登校の子は心の居場所をなくしている、子の心の理解こそが必要」と考えるタイプで、心理学関係者や支援団体関係者に多く見られる傾向にあります。むろん、立場や状況にもかかわらず、子どもの状況に応じて異なる受け止め方をしている援助者はたくさん存在するのですが。

現代の不登校の類型は、文部科学省では六分類です。文部科学省の分類は教育相談や学校現場で使用されていて、最終的な判断は学校の長がおこなっています。厚生労働省は、ＤＳＭ４（アメリカ精神病診断基準）やＩＣＤ10（国際疾病分類）などを独自に修正した診断基準を使用しています。診断基準は児童相談所や福祉施設で使用されていて、診断は施設などに所属している精神科医師がおこなっています。

これら二つの分類には欠点があると私は思います。それは、子ども本人の生活の全体から不登校をとらえていないという点です。子は日々の暮らしのさまざまな場面でいろいろな顔をもっています。だから教室あるいは診察室での子どもの顔だけで、子どもの人格の全体や精神の全体を判断したり診断してはいけないと私は考えています。なぜなら不登校は子どもの生活の一局面であって、生活のすべてではないからです。また、時間軸で考えても、不登校は子の人生の一部分であって、人生のすべてではないのです。だから私はこうとらえています。現代の不登校の問題は、心理的・社会的・教育的・医学的・司法的な観点から総合的に判断する生活上の問題である、と。

2　不登校、そのとき父親は？

私は二〇〇二年三月に『不登校と父親の役割』を出版しました。その本で私が訴えたのは、「現代の不登校の大半は生活を改善することで解決が可能である」ということです。そして解決の中心は親であり、とくに解決における父親の役割は重要である、と多くの事例をもとに説明しました。また父親が解決していくプロセスを「第二の出産」と名づけて、その意義と目的を解説しました。『不登校と父親の役割』をお読みいただいた多くの方々の反響が全国から寄せられました。大半は不登校に悩むお父さんたちからでした。どんな反響だったのでしょうか。おしなべて、「いままで子の不登校を心配していたが、母親や関係者から刺激してはいけない、かかわってはいけないと言われてなすすべをもたなかった。しかしこの本にめぐりあって勇気をえた。これから積極的に子の不登校の解決にかかわっていきたい」というものでした。積極的で勇気ある父親が現実にたくさん存在していることに、私はひじょうに感銘を受けましたし、本を出してよかったとしみじみ思いました。

しかし、この本をきっかけに出会うことになった不登校の父親の話を聞くうちに、不登校が始まってから五年、十年とたっている子どももおおぜいいることにあらためて気づかされました。解決を強く希望されるお父さんを前に、私はただ絶句することしかできない状況も多々ありました。近年、話題になっている社会的な引きこもりの問題は、これまでの私の調査や予想を超えてはるかに深刻だったのです。

また一方に、解決を強く希望するがゆえになのでしょう、子どもの状態を正確に把握することができないお父さんもたくさんいらっしゃることも知りました。親として子どもの不登校の状態を悪く考えたくはないというのは、当然の心情でしょう。できるだけ早くに不登校を解決して、家族がふたたび明るく生活することを願うのは、父親として当然のことでしょう。私も一人の親として十分に理解できることです。しかしそうであっても解決を急げば、かえって子の不登校の状態を悪化させてしまう危険もなくはないのです。最初に出した本でもふれているように「短期に再登校を実現する型」は限られた不登校の型なのです。しかしたしかに、最初の本では類型を詳しく説明していないためにご理解のさまたげになった部分もあるかという反省もあります。その点を補う意味でも、この本で説明できればと思っています。

子どもの生活の全体を見ることは生活をともにしている親であっても簡単なことではないでしょう。いいえ、生活をともにしている親だからこそ、子どもの生活の全体を見ることがむずかしいのかもしれません。そこで、援助の機関や学校関係者との協働が求められるのです。子どもの生活は家庭生活だけでなく、学校や地域での生活からも成り立っています。父親が中心になって不登校を解決するということは、けっして、父親単独で解決することではありません。父親は、不登校解決のプロセスで、学校関係者と協働する姿を子どもに見せる必要があります。じつは、そこにこそ「第二の出産」の本意があるのです。

3　制度の落とし子として、校内型不登校が出現

一九九二年のことです。文部省は「不登校はどの子にも起こりうること」という有名な「どの子

にも宣言」を発表しました。そして「心の居場所づくり」という施策を推し進めました。宣言後、文部省は保健室や相談室、民間のフリースクールにかようことを出席として認める特例を発令することとなります。一九九五年にはスクールカウンセラー制度を導入し、小中学校に配置しました。また、校舎の一部を改装してカーペットを敷き、リビングルームのような部屋をつくって、子どもがいつでも利用できるようにとスペースを開放しました。

不登校は校長の責任、あるいは担任の責任という考え方は教育現場では根強いものです。そうした考え方が不登校に対する援助の方法に与えた影響は、大きなものがあります。心の居場所づくりに代表される施策は、そのような背景から生まれた行政側の配慮であるとうかがえます。もちろん施策そのものは間違いではないでしょう。保健室や相談室への登校が出席と換算されることで救われたたくさんの不登校の子を私は知っています。また、スクールカウンセラーや養護教諭の温かい支えがあって不登校を乗り越えた子もたくさんいることも現実に見ています。ですから施策そのものが間違いだとは私は思っていません。

しかし現実には、保健室や相談室の登校を出席と認める制度には大きな落とし穴がありました。多数の便乗組を発生させてしまったのです。多数の便乗組は、心理的・保健上の配慮を本当に必要とする不登校の子を、相談室や保健室から追い出してしまったのです。相談室や保健室は、本来の援助の目的の業務からはずれ、補習の場と化してしまったのです。

そして、さらに新たな問題を発生させました。養護教諭やスクールカウンセラーは教科を教える専門家ではありません。しだいに子どもたちは退屈して相談室などを抜け出して、好き勝手な行動をとりはじめたのです。校内型不登校の出現です。

学校にいながら学校教育からはずれ、社会的な学習の機会もなく放置された子どもたちは、体育館や校庭の隅にたむろして好き勝手な行動をしはじめました。校門前や裏門に陣取り、タバコをふかしながら下校の時間がくるのを待っている子どもも現れました。

親は子の学校での生活を知りません。子どもたちは登校しているので親は安心しています。担任は相談室や保健室に行っているものと思って安心しています。子どもたちは不登校ではなく出席として扱われています。じつはその子どもたちは隠れた不登校であり、社会的にはこの世に存在しないはずの対象なのです。だから誰も彼らに対する援助策を考えていない……。その子たちの共通した生活態度は「明るく好き勝手している」状態です。彼らは明るく校内で不登校をしているのです。

現代の不登校のかたちで旧来と大きく異なる点は、この明るく不登校しているタイプの不登校が多量に出現していることです。そして、このタイプが現代の不登校のほとんどを占めるのではないかとさえ私は感じています。この子どもたちは、現代の教育制度のなかの落とし子です。彼らは、いわばやさしさという言葉・気分のオブラートにつつまれ、放置され虐待されている子どもたちといえます。なぜなら学校から、家庭から、ネグレクトされている存在だからです。

4 「やさしさ」のレトリックへの警鐘

少し歴史をさかのぼってみましょう。一九六〇年から八〇年にかけて、入院と薬物療法が必要だとされていた「不登校」は、八〇年後半から「権利としての不登校」へ逆に大きく振り子がふられました。これも文部省による方向転換です。子どもの心の理解が「不登校」に対する援助の中心となっていきました。文部省の「生徒指導資料21集」では、子どもの心の理解が大きく掲げられ、理解し理解される教師と生徒との人間関係をつくることが教師に必要な態度の第一だと記されています。いうなれば「やさしい」教師であるべきと記されているのです。この流れのなかで文部省は、先に記した九二年の「不登校はどの子にも」の宣言を発表し、「心の居場所づくり」という施策を推し進めたわけです。

しかしこうした文部省の制度改革の努力にもかかわらず、不登校の人数は増えつづけ、一方で多量の便乗組が新しく発生しました。そして気がつけば、キレル現象、パニクル現象、ナイフ事件が勃発し、また、学級崩壊は幼稚園から大学までの現象となり、今日の学校教育の危機的な状況が形成されてきました。もちろん、それらすべてを学校教育の「やさしさ」のせいにするというのは強引だとはわかっています。「やさしさ」は学校だけでなく、現代の時代の気分という側面があるからです。

一九九〇年代から始まったわが国の「やさしさ」ブームは、結果として多量の不登校を発生させた面があることは否めないと私は考えています。しかしそうした見方や態度は、「やさしさ」と相反するので、表明するには勇気がいることもわかります。「不登校児にはやさしく接しなくてはいけない」という思いは、いまや国民的な感情であり態度であるからです。私はあえて、この「やさしさ」に着目しています。

やさしさにも二律背反があります。この二律背反ははっきりと認識しにくい構造になっています。「やさしい」態度を批判することは「やさしくない」からです。やさしさにはいくつかのレトリックがあります。不登校に関して援助の現場で実際に頻繁に使われているレトリックを、私は次の五タイプにまとめてみました。

①可能性を示して現状を正当化してしまう「やさしさ」

「不登校の経験は子どもの将来にきっと役に立つはず」という言葉に代表されます。はたして本当にそうでしょうか。将来の生活は、いまこのときの生活の延長線上にあるはずです。将来、社会はどのように変化していくか予測がつかない部分が多いのに、「役に立つはず」とやさしく周囲の、それも専門家から励まされると、親子ともども「いまのままで大丈夫なのだ」と誤解するかもしれません。わずかな可能性を示して現状を正当化することの背後に問題からの回避がみえてきます。励ましたほうは「いいことをした気分」になるでしょうが。

②美しい言葉で現状をとりつくろう「やさしさ」

「学校に行かなくても生き生きと生活していればいいではありませんか」という言葉に代表されま

す。こう言葉かけをする人は多いのですが、言った当人は本当に「不登校の子らは生き生きと生活をしている」と思っているのでしょうか。子どもも親も将来の不安でいっぱいなのに、精いっぱいの強がりで生き生き生活しているようにふるまっているだけなのに。親も子もほとんどが、こうした生活が将来とも続けられるとは思っていません。とくに親の亡きあとの生活を誰がどのように保障するのか、どの親も不安でいっぱいなのです。そうした子どもや親を前に「美しい言葉」で慰める人は、言われた子や親の惨めさに気づいていないのです。

③○○はとにかくとして……と問題を曖昧にする「やさしさ」

「学校に行くか行かないかはとにかくとして、生きがいがあれば生きていける」という言い方に代表されます。不登校の問題を曖昧にして問題を攪乱する「やさしさ」です。たとえば漫画を描くことが好きな子は生きがいをもっているといえるのでしょうか。漫画はその子の将来の生活を保障できるのでしょうか。誰もわかりません。たしかに結果的にそれができる子もいなくはありません。しかし全員ではありません。「○○はとにかくとして」という言葉は一見やさしそうに聞こえますが、不登校の問題の直面を避け、問題を曖昧にし、議論を攪乱する側面があります。この言葉は耳当たりがいいだけに、言われた子と親ははぐらかされた寂しさを感じています。

④選択肢の多様性によって責任を回避する「やさしさ」

フリースクールをへて大検へ、保健室登校をへて専門学校へ……。「現在はさまざまな機会が用意されているのですから」というフレーズに代表されます。選択肢が広まったといわれると子と親は不登校が社会的に承認されたような錯覚におちいります。そして、言ったほうは不登校の問題を解決したような気になります。しかしよく考えれば、どのような選択をしてもすべて子と親の責任で、すすめたほうの責任はありませんよ、と言っているのです。選択肢の多様性を強調すれば言った側は責任から逃れられますが、言われたほうは孤独におちいるのです。

⑤現象に置き換えることによって問題の認識を放棄させる「やさしさ」

「不登校はあなたのお子さんだけの現象ではありませんから」に代表されます。現象という言葉で親は自分たちの責任が回避されたような錯覚におちいり、親は不登校の問題という認識を放棄してしまいがちになります。うちの子だけの現象ではないからいいか、という親の態度をつくってしまうのです。その言葉は、問題からの解放を意味しているようで耳に快く響きます。しかし、それによって子どもらは長期に不登校の状態から抜け出せなくなってしまうかもしれないのです。

以上の五つが不登校の援助の場面で頻繁に登場する「やさしさ」のレトリックです。やさしさのレトリックに気づかず、よかれと思って口にしている援助者も少なくありません。そのやさしさが、子と親を傷つけているのに気づかない援助者も少なからずいます。やさしさも二律背反なのです。使い方を間違えると相手を傷つけるのです。

しかし、不登校の援助におけるやさしさのレトリックがなぜ使われてしまうのかというと、援助者が解決の決め手をもっていないことが原因ではないでしょうか。はっきり言えば不登校の援助に自信がないからやさしく接しているのです。やさしく子どもたちに接して、とりあえずは対処しておこうという態度です。恐ろしいことなのですが、「やさしく」接しておけば、誰も悪いようには思わないし、悪いようにはならないと思っているのです。

学校関係者も、援助の関係者も、文部科学省も、社会も、望んでやさしさのレトリックを使っているわけではないでしょう。しかし、やさしさのレトリックは不登校の問題の直面を避けて、解決を先送りにし、不登校の問題の全体像を曖昧にする側面があることを、私は強く懸念しています。

5 不登校は今後どうなる、そして欧米の取り組みは?

二〇二五年の日本では、学齢期の子どもの数が現在より二割も減少すると推定されています。もし仮に現在の不登校の状況に歯止めがかからず、不登校児の数が増加するとしたら、子どもと家族は生活上のどのようなストレスを受ける可能性があるでしょうか。二〇二五年、わが国は世界でも類をみない超高齢化社会となっています。人口比率からいえば二人で一人の高齢者の生活を支えていくことになるのです。

高齢化対策については倍化年数が施策を動かしました。一方、不登校の数は年度ごとの発生数を見るかぎり施策を動かすほどの迫力はありません。しかし現在の不登校の数がそのまま増加したとしたら、二〇二五年には百万人の大台に達すると推定されます。周知のとおり、二〇二五年の日本の経済予測はけっして楽観的なものではありません。失業率が二桁になる可能性もほのめかされています。

このような厳しい社会的状況のもとで、不登校の子と家族はどのような社会的圧力を受けることになるのでしょうか。むろん、さまざまな施策が講じられはじめた今日にあって、このままの勢いで不登校数が増えつづけるとは考えられていません。しかしながら、公式統計は実態の不登校の三分の一にも満たないという専門家による指摘は、臨床現場にいた私の実感と重なっています。事態はもっと深刻だという印象は、払拭できません。

しかも、その時点で現在百万人いると推定されている社会的引きこもりの人びとは、どの程度の数に達し、そしてどのような生活をしていると予測されるでしょうか。未曾有の少子高齢化という社会・経済的に厳しい状況下で、現在のような社会的な「やさしさ」が引き続き引きこもりの人びとに提供される可能性はあるのでしょうか。その点をきちんと考えておく必要があるでしょう。

さて、ほかの国ではどのような対応がされているのでしょうか。イギリスでは不登校数が五十万人に達しています。実際は倍の百万人以上の不登校が存在するといわれています。そのような事態に対処するために、イギリス政府は不登校を許している親に罰金五百ポンド（五十万円）の現行科料を科すほか、逮捕も辞さない構えです。五十万から百万人に達する不登校の問題は、厳罰化することでしか解決できないと政府が考えているからでしょう。

ちなみにアメリカでは不登校の子をもつ親に対して五十州のうち三十三州で、禁固刑と罰金刑が科せられています。もっとも厳しいミシシッピー州では禁固一年、罰金千ドルです。アメリカで、不登校の児童生徒の親に対して厳罰化をおこなっている背景は、不登校が非行の温床になっているとみているからです。また、登校させない親は教育を受ける権利を子から剝奪し、子を虐待していると見なしているのです。

一方、わが国では学校基本法によって、教育委員会の督促を受けても保護者が子を就学させない場合は十万円以下の罰金を科すと規定していますが、近年の適用例はありません。日本と欧米の不登校の状態が違うので、欧米の厳罰化がわが国でも適用されることはまずないと、私も思っています。しかし今後の不登校の数と内容の変化によっては、それがまったくありえないとも言いきれなくなってきます。イギリスのように不登校数百万人の大台にのったら、またアメリカのように不登校が非行の温床になったら、わが国も厳罰化に向かうことは十分にありえるのです。

近年の不登校の様態の動きを考えると、欧米化はそう遠い明日のことではないかもしれません。アメリカのように、検察当局が保護者を呼び出して「お子さんを親の責任で学校にかよわせてください。無断欠席がこれ以上続くと禁固刑など刑事訴訟を受けることになります」と宣告される日も、そう遠くないのかもしれません。

そもそも不登校はなぜいけないのでしょうか——根本に返って考えてみましょう。子の将来の可能性に拘束を与えるという以外に、きょうだいにも、親の可能性にも、そして日本の可能性にも拘束を与えることだからだと私は思います。一人の子の不登校がきょうだいの不登校の引き金になる例は枚挙にいとまがありません。一人の不登校の子が学級崩壊のもとになる例も見てきました。また不登校は、家族全体の健康や生活設計に影響を与える問題です。不登校は学校教育にとどまらず、地域社会や国力にも影響を与える甚大な社会問題なのです。

6 なぜ現代の不登校の統合類型をつくったのか

ところで、不登校の状況が起き、おもに家族が学校や医療機関・援助機関に相談に行くと、どのようなプロセスがとられているのでしょうか。

通常、援助は予後調査や追跡調査によって、検討され計画されるというのが基本です。けれども、不登校の援助に限っては、結果がでるまで時間がかかり、また結果にはさまざまな要素がからんでいるため、一律に因果関係を評価できないところがあり、予後調査や追跡調査が困難であるというのが実際のところです。また個人の秘密の保持の問題も重く横たわっています。そのため不登校の援助は、ある子どもがどう経過したかという予後の統計結果にもとづいて、それを生かして別の子どもの援助を計画するということが事実上できていないのです。

つまり、不登校の援助での大きな負の要因は、実態が不鮮明であり、追跡調査に偏りが見られる点であり、現状では予後調査が見あたらない点なのです。必然的に、不登校の援助は、その子どもの「いま」の心の理解に重点がおかざるをえないのです。その子どもにとって予想される将来の結果にもとづいて援助がおこなわれているのではなく、現在の苦痛の軽減に援助の重点が置かれているのです。それで周囲はやさしい顔をした人ばかりになったというわけです。

日本でも、医療では合意による治療の動きが一般化しつつあります。「インフォームドコンセント」という言葉はよく聞かれることでしょう。しかし残念なことに、不登校の援助には「インフォームドコンセント」はないに等しいのです。援助の方法は、親の合意も得ずに、担当した援助者によって決められるのです。親は援助方法を選択する機会を与えられずに、援助の結果の予想も援助者から聞くこともありません。不登校の援助の方法が適していないのかもしれないと親や子が知るのは、だいぶ時間が経過してからになります。もうこの時点では早期治療の機会を逸していて、不登校が慢性化している場合もないとはいえません。

誤解をしていただきたくないのですが、私は現場で格闘している援助者や学校関係者をやみくもに批判しているのではけっしてありません。ただ、それぞれの場面では正しいはずの援助が、全体からみれば不登校の子の問題の解決になっていない可能性があるのではないかと私は考えざるをえないのです。

養護教諭やスクールカウンセラー、担任、校長はそれぞれの場・観点から不登校の子を眺め、子を理解しようとしています。学者は研究室から、医者は診察室から不登校を理解しようと懸命にかかわっています。その個々のかかわりの場面では適切なはずの援助が、全体としては対応がバラバラなことで、結果として解決に結び付いていないのではないかと思える例が多いのです。しかも親や子への十分な説明も合意もなく援助が展開し、あげく結果の責任は、親や子に帰せられる援助のしくみが現状に横たわってないとは言いきれません。

なぜ、不登校はそのような不条理な援助の行程になってしまうのでしょうか。その一因として私は、現代の不登校に関する類型が現実の内情に即していなくて、不備だという点をあげたいと思います。現在、不登校を理解する物差しとしての類型で、統合されたものは存在していません。学校、医療、臨床――個々の援助の場で開発された類型はいくつかあるのに、です。学校、医療、臨床での援助の場面では、それぞれの類型から判断して不登校解決に向けた援助が組み立てられています。でもその連携・統合はありません。だから、援助がバラバラなのです。そして、それぞれのどの類型も不登校の子の生活の一部しか判断していないのです。当事者は困惑しています。子の生活全体からみた現代の不登校の類型が必要なのです。だからこそ私は不登校の統合類型をつくったのです。そこには先に述べた「校内型不登校」のタイプも援助のモデルとともに組み込むことができました。

さて、どのような類型なのか説明するまえに、先に出版した著書『不登校と父親の役割』を読んでいただいて不登校を解決した当事者および援助者の手記を五編紹介します。不登校という問題をかかえて悩んでいる方に、不登校のさまざまな現実の一端をご理解いただければと願っています。

第2章　不登校、そのとき父はどうしたか
――三人の親と二人の援助者の手記

1　水を得た魚のように……父親I・Sさんの手記

私は、中学二年の二学期から高校一年までの二年半あまり不登校だった息子A男と向き合い、みなさんの援助をいただきながら考え行動してきました。いま、息子は水を得た魚のように高校生活を謳歌しています。

今回、私はこの経験で痛感した「父親の役割の大切さ」をほかの人にも知っていただきたいと思い、筆をとりました。

幼稚園でのできごと

A男は、いつもニコニコしていて誰にでも愛想がいい子どもでした。

ある日、幼稚園で、遠足のようにシートを敷いて屋外でお弁当を食べたことがありました。A男

はお腹の具合が悪かったせいかトイレへ行くのが間に合わず、粗相をしてしまいました。それ以来、幼稚園に行く前になるとお腹が痛くなってぐずるようになりました。ですが、いったん幼稚園に行ってしまうと元気に遊んで帰ってきました。

思い出す場面があります。節分のイベントで鬼のお面を作ったときのことです。友達が鬼のお面に羽をつけて飛ばして遊んでいるのを見て先生は「わあ、すごいね」と褒めたものの、A男のお面は褒めてもらえませんでした。「なぜ僕のお面を褒めてもらえないのだろう」と悔しがったA男は、A男の鬼の頭に羽はないからだと考えて、納得がいかないまま、負けたくない気持ちから羽をつけました。

あとになって、幼稚園のころはまわりの子どもが幼く見えてとけ込めず、楽しくなかったと語ったことがあります。

妻は、子どもの想像力の芽を摘んでいたのではないか、もっとのびのび育てることが大事だったと語りました。

幼稚園の年長のころ、いつも夕方五時に帰るように母から言いつけられていたので、その日も夕方五時のチャイムが鳴ると友達の家から慌てて家に帰ってきましたが、たまたま母が買い物に出かけていて家には誰もいませんでした。泣きべそをかきながらもう一度友達の家に戻ると、「お母さんはもう帰ってこないんじゃない？」と友達の家族にからかわれて大泣きをしたことがありました。

そのことがあって以来、A男は母親のそばから離れなくなりました。異常なくらい母親から離れないので突き放したこともありました。

このことについて妻は「なぜ私から離れられなかったか理由がわからなかった。不安でしかたがなかったのだとあとで気づいた。あのときに強く抱きしめて安心させてあげるべきだった」と語りました。

妻はある人から小学校のころに男の子が不登校になるのは、母親が父親との関係がうまくいっていない場合があると聞いてきました。私は、A男が赤ん坊のころから仕事が忙しくて不在がちで、妻は実家に行くことが多かったのです。また、夫婦ゲンカはなかったものの、私の帰宅がいつも遅いためみんなで夕食を一緒にしていませんでした。そのため会話も少なく、妻はその不満から、子どもたちにぐちを言っていたとのこと。その不安定でイライラした態度が感受性の強い息子に伝わり、父親の私とA男が本音で向き合えない原因になっていたのかもしれません。夫婦の関係がうまくいっていることが子どもにとっては最高の安定剤だと思います。

小学校時代、はじめてパニックになる

小学校に上がりました。登校途中、みんながA男をおいて先に走っては「遅いぞ」とからかい、追いついたらまた走ってからかうということがありました。A男は走るのが遅かったので、後ろから「待って！」と大声を出していました。やがて、みんなに置いていかれることやからかわれることなどで学校への不安が大きくなり、登校をしぶるようになりました。そこで、みんなと学校へ行くのをやめさせました。もともと一人では行けないので、母親がみんなと別の道を通って毎日連れていきました。

最初にA男がパニックを起こしたのは、小学校五年のころのある日曜日、私が恐竜展に誘ったときのことです。そのとき息子は「腹が痛い！　行かない！」と言って家の玄関先で動けなくなりました。青ざめて脂汗が出て、まわりに心臓の鼓動が聞こえるぐらい激しく脈を打ってドキドキしていました。家で少し静かにしていると自然に治りました。

このとき的確な処置をとっていればよかったと思いましたが、そのときはこれがパニックとは気がつきませんでした。

二回目のパニックも同じころで、A男が毎日習字や英語の塾にかよっていたときのことです。夏前に体調をくずしがちになり、ある日「行きたくない」と言いだしましたが、無理やり行かせました。数日後、ついに腹痛や吐き気を訴え、「塾をやめたい」と言うので塾はやめさせました。

当時のことをA男は次のように言っています。「塾の先生が、いつも問題が解けない生徒を怒っていた。その怒鳴られる姿を自分の席で見ているだけで恐かった。答えを間違えると怒られるというプレッシャーから緊張して、腹痛や吐き気をもよおすようになった」

またこのころ、次男が誕生しましたが、次男はよくぐずっていました。長男のA男はいつもニコニコしてあまり泣かなかったので妻はどう対処していいのかわからず、いつもヒステリックになっていました。次男が生まれるまでは「優しいお母さん」の姿を見ていた息子は、母親によく見られたいと思い、いつも怒られないように泣かないように緊張していました。このことがトラウマとなって塾での緊張をまねいたのかもしれません。

教育相談のきっかけ

塾をやめても体調はすぐれず、小学校五年の二学期から腹痛などで学校を休みがちになりました。ある日、妻は息子が休むことを伝えるために学校に電話をしました。担任の先生は不在で、かわりに教頭先生が対応してくださいました。教頭先生は、担任の先生から息子の状況を聞いていて、市の教育相談をしているK先生を紹介してくださいました。妻は、K先生に相談するようになり、のちに私も一緒に行くようになりました。

私はこのころ、土日に子どもたちと公園で野球をして遊んだ覚えがあります。

中学二年夏、不登校のきっかけ

小学校を卒業して公立中学に入学し、休みがちながらも登校していました。

中学二年の二学期のはじめのころ、同じクラスのS君という、体の大きいいじめっ子の生徒が、いろんな子にいやがらせをしていました。二学期の席替えでA男はS君と隣の席になり、いじめられることはなかったものの、いじめられるのが恐くて学校から逃げるようにして休むようになりました。

A男は、休むための口実となる腹痛とか頭痛などを探しているうちに本当に体調が悪くなり、朝、フラフラしてベッドから起き上がれないことが増えたと言います。遅刻しながらも学校に行くようにしていましたが、学校に行ってからパニックを起こし、保健室で休んだりしました。A男は担任のM先生に、恐怖心の原因である席を替えて欲しいと相談しましたが替えてもらえませんでした。さらにM先生がクラスの生徒にA男のパニックのことを話したので、よけいに学校に行きにくくなったそうです。

A男は心療内科に通院を始めましたが、本人は処方された薬をあまり飲まなかったと言っています。

私はこのままではいけないと思い、中学三年の初夏のころ、「適応指導教室（不登校の子が登校できるようになるまでの間にかよう補習の場）」に相談に行きました。

ベテランのH先生と一時間程度話し合い、親身になって相談にのっていただきました。そのときに、療育センターで家族を含めたセラピーをおこなう方法と、適応指導教室で開設される個別指導の教室で勉強をおこなう方法、という二つの選択肢があることを知らされました。適応指導教室に「通学」すれば学校の出席日数になります。どうするかを考えるために妻と息子に相談しましたが、すぐには結論が出ませんでした。

そのような状態が続いていたある日、私は酒を飲んで帰り、イライラが高じて息子にいきなり「いいかげんにしろ。何を考えているんだ。ふざけるな！」と怒鳴ったことがありました。息子は半泣き状態で、呼吸がおかしくなってパニックを起こしました。

息子はあとで、このときのことを次のように語っています。「ただ恐かった。恐くて次の日は学校に行った。毎日怒鳴られていたら恐くて学校に行ったかもしれない」

適応指導教室にかよう

夏休みも終わり、A男の意識にも変化が現れたのか、自分から適応指導教室に行くと言いだし、九月から行くことにしました。適応指導教室では勉強をしたり、みんなで卓球をしたりしていました。

毎日帰ってくると、適応指導教室のL先生のことがよく話題にのぼりました。L先生からは勉強以外の話をしながらいろいろなことを教えてもらいました。母親以外の大人と話ができてうれしそうでした。A男は、その先生に会いに行くことが新しい励みとなったように見受けられましたが、本当は、先生よりも友達に会うのが楽しみで、淡い恋心も芽生えていたそうです。ただ友達は女の子ばかりで、男は苦手だったと振り返っています。

A男はそれまでの一年間、一人で外に出ることができませんでしたが、L先生や適応指導教室の友達のおかげで出られるようになったのです。いままで家族以外の人間関係はなかったため、適応指導教室での会話が新鮮でたまらなかったようです。

十一月ごろ、中学の担任のM先生が適応指導教室を訪れ、積極的に発言するA男の姿を見て、以前と比べて印象がかなり変わったということでした。その後は進学についても親身に相談にのっていただきました。年末が近づくと適応指導教室でも進路のことが話題になっていましたが、A男はまだその気になっていませんでした。

M先生と相談のうえ、不登校の生徒を受け入れてもらえる市内の高校を選択しましたが、A男としては、適応指導教室の友達が行くから行きたかったというのが本音のようです。

高校入学、そしてまた不登校の日々

入学願書は高校へ自分で提出しにいくことになっていましたが、当日お腹が痛くなって友達と一緒に行けず、先生に持っていっていただきました。不安感からストレスが募ったようです。

高校入試当日も不安からくる腹痛で幾度もトイレに入り、担任の先生が迎えに来てくれたのに、結局試験を受けることができませんでした。腹痛はほどなく治まったものの、遅刻して途中から試験場に入るのがいやだったようです。

その時点で全日制高校をあきらめざるをえませんでしたが、幸運にも補欠募集があり、今度は私が息子を連れていきました。補欠試験では偶然友達の姿を見つけて安心したのか、無事に試験を受けることができました。その日は、試験場からはかなり距離があるのに一時間かけてその友達と話しながら歩いて帰ってきました。バスに乗りたかったけれど、その勇気がなかったそうです。

高校にはみごと合格し、入学式には夫婦ともども出席しました。

しかしその後、息子は初日を含め四月に三日間行ったきりでまた学校に行くことができなくなってしまいました。本音か口実か、「自転車で二十分もかかる学校が遠い」「環境の変化になじめない」とA男は語りました。

私は、これからまた中学のときと同じことを繰り返すのかと暗澹たる気持ちになりました。

夏休み前の七月に担任の先生と話し合いました。先生から、出席日数不足で単位の取得がむずかしいこと、二学期からほぼ毎日出席しないと進級できないこと、または、休学して体調を整えてやり直す方法もあることなどを提示されました。

あきらめるわけにはいかず、二学期はがんばることにして、出ている宿題をもらって帰りました。夏休みは例年どおり親戚の家族と旅行もして、体調もだいぶよくなり、がんばって宿題をこなしているA男の姿を見ていると、二学期は学校に行くつもりだと思いました。

ところが、初日から学校に行きません。「宿題をすることで親を安心させたかった。怒られまいとがんばって宿題をやっていれば行く意欲が出ると思わせたかったが、行くつもりもなかったし自信もなかった」と、あとになってA男は語りました。

あきらめて、高校一年の二学期からは休学しましたが、A男は適応指導教室の仲間でサポート高校に行っている人や定時制高校に行っている人、三日間だけ行った学校でできた友達の話を聞いたりして、「何かやらなければ」という気持ちにはなっていました。

中・高時代の不登校時、音楽とのかかわり

中学二年の二学期以降不登校になっているころ、A男が「誕生日のプレゼントにギターが欲しい」と言いだしました。何か熱中できるものがあればと買い与えましたが、三日坊主だろうと思っていました。ところがA男は夢中で練習を始めました。一日中練習していることもありました。そのせいかみるみる上達しました。するとA男から話すことが増えてきました。

また高校の不登校時は、ビデオで「黒夢」というバンドの音楽を聴いて感動し、「ベースをやり

たい」と言ってきました。私は、もうギターをやっているので反対しましたが、しつこく言うのでしかたなく音楽教室に体験入学をさせました。当時A男は、一人で外に出ることができませんでした。私はとにかく一人で家から出てほしいという願いから、毎週休まずに一人でベース教室に行くことを約束させて、市内のベース教室にかよわせました。

約束させながらも私はA男が一人でベース教室に行けるとは思っていませんでしたが、彼は雨の日も休まずに毎週自転車で行きました。若い先生からベースを習いながら、徐々に人付き合いに慣れていったようです。

療育センターのころ

ある日、息子が「療育センターに相談してみる」と自分から言ってきました。それならとさっそく行くことを決め、A男と母親は一緒に相談に行きました。私は何か新たな変化があることを期待しました。

そのときに対応していただいた先生が石川先生（著者）でした。療育センターで診療をする手続きをおこない、十月の終わりから母親と一緒にかよいはじめました。センターでは、大学を卒業したばかりのO先生とベテランのY先生にもサポートをしていただきました。

A男は療育センターを振り返り「ドキドキしながらパズルを二人でやった。ギターを持っていってO先生に聞かせたりした。そこでO先生がピアノとギターで一緒にある曲をやると決めたのにO先生は練習も何もしてくれず、とてもショックだった」と語っています。センターから帰ってくると、O先生はいいかげんだと言ってふてくされていました。一方でO先生としては、きまじめな息子に対し、いいかげんなことがあってもいいんだと身をもって知らせたかったのだそうです。

私は年末に面談していただきました。休学中のA男の進路について相談し、翌四月から新一年生として行ってほしいと希望を言いました。

石川先生からは「お父さんが参加していらっしゃるのなら、必ず直ります」と言っていただき、この言葉で勇気がわき、先生のもとでがんばってみようと決意しました。

私自身は会社で責任ある立場にいましたが、A男の通院で仕事との両立に困難が生じても、息子を立ち直せるために取り組むことを決めました。

A男本人は、通信制やサポート校への通学、あるいは休学中の学校でもう一度やり直すか迷っていました。

石川先生に相談した結果、「お父さんが考えているとおり、休学している高校でやり直すようにしましょう」という結論に達しました。

まず手始めに生活習慣の乱れを直すことから始めました。遅刻をさせない、家具の配置を変えてきちんと部屋を仕切ることなどを決めました。A男は母親と同じ部屋で寝ていましたが正月明けに別にしました。家族全員で会議を開いて各自分担する仕事を決め、A男は自分の下着やシャツを洗濯することにしました。

三月のはじめに石川先生から「四月の再登校初日については十分に注意しないとまた同じことになるかも」と言われました。初日はとても大事だから、会社を休んで連れていくことを先生と約束しました。「この日は絶対にひるんではいけません。学校に行かせることだけを考えて対応してください。過去の例からしてたぶんこの一ヵ月間は、毎日息子さんを学校に連れていくことになることを覚悟してください」と言われました。

再登校開始

四月の再登校日がやってきました。石川先生の言葉どおり、初日、A男はトイレに入ったりして調子が悪くなり、玄関から出られなくなりました。

私はA男に向かって「いままでやってきたことはなんだ！」「いままでのことがむだになってしまう」。どうしても学校に行ってほしいとの思いから、大声で息子と口論になりました。

ここで引くわけにいかず、「とにかく学校に行こう」と、車に乗せて学校に行きましたが、本人は納得していませんでした。

出かけるのに手間どり、学校ではすでに全校朝礼が始まっていました。私は、学年主任のM先生に、「とにかく連れてきました」と、A男を引き渡し、会社に行きました。

ところがA男は「一度家に戻ってからまた自転車で学校に来る」とM先生に約束をしたが学校に行かず家に戻っていたままでした。私は帰宅して、A男がその日は学校に行かなかったことを聞き、悔やみました。

そこで、二日目もまた一緒に連れていくことにしました。

三日目になり息子は、「一人で行く」と言って聞かず、言うとおりにしました。私はA男が本当に登校するのか心配で車であとを追いかけましたが、途中で見失いました。母が学校に電話をして、本人が学校に行ったことを確認しました。

このときはじめて、これで学校に行けると確信しました。実家の両親にもA男が学校に行ったことを話しました。この日は感激で涙が止まりませんでした。

後日、妻は「どんなに不安な気持ちで登校したかと思うと胸がいっぱいで、はじめて息子のことで大泣きした」と語りました。

じつは三日目に自転車で学校に行くとき、中学のときのクラスメートに偶然会い、話しながら学校に行ったそうです。もし会っていなかったら、きっとだめだった、とA男は言いました。

学校に行くようになると、音楽教室のころの話などをして少しずつ友達ができていきました。そのクラスには三人が留年していましたが、新一年生には知らされていませんでした。まわりからは「かなり大人びた同級生」という印象のようでした。

クラスのY先生といままでのことを話したので、きめこまかい配慮をいただき、休むと必ず本人に電話をしていただきました。そのサポートのおかげで遅刻、休みがちながらも一学期を終えることができました。

勉強が楽しくなったと言って真剣に授業を受けたので、中間試験や期末試験は上位の成績でした。

不登校再発の芽をつむ

やり直し一年生の五、六月ごろ、クラスの生徒T君が仕掛けたいたずらでひと騒動ありました。

友達に電話をかけると本人になりすましたT君が出て、「ちょっと駅まで来い」「指を詰めて誠意を見せろ！」などと言ったというのです。A男はびっくりして、何をされるのかとビクビクしていました。保健室に逃げたり、担任のY先生に相談をしたりしていました。

私はA男に、「絶対に休むな！」「何かあったらすぐに行ってやる」と激励しました。効果があったのか、恐怖心もいくぶん和らいだようでした。

T君はほどなく別の問題を起こし、学校に来なくなりました。

この一件をきっかけに、また不登校への後戻りがあるかと心配しましたが、乗り越えることができました。夏休み明けも問題なく登校でき、ようやくこれで不登校から抜け出せたと確信しました。

父親としての所感

A男が不登校のころは、実家に帰ったときなども学校の話題が出せず、まわりもそのことにふれまいとしていました。

高校やり直し一年生の十一月、音楽教室の発表会があり、夫婦で息子のベース演奏を聞きに行きました。はつらつと堂々と演奏している姿を見て感動しました。音楽をやらせてよかったと思いました。写真を撮ろうとしても涙でファインダーをのぞけず、A男が写っているかどうかわかりませんでした。

いまでは友達を家に連れてきたり、友達とバンドを組んだりして高校生活を楽しんでいます。学校が遠く、自転車通学を二年間続けているので体力もだいぶついてきました。

また、高校二年も終わりに近づき、卒業後の進路を考えられるようになりました。

平日は私の仕事が忙しくて母子家庭のように父親不在でした。そのぶん、土、日曜日はつとめて子どもたちと遊ぶようにしていましたが、コミュニケーション不足になっていました。いつも母がそばにいたので父子が二人になることがなかったのかもしれません。

いま振り返ってみると、小学校のころまではとくに、家族みんなで夕食をとることが大切だと思います。「家族のなかで親父の存在感をなくしてはいけない」と痛感します。父親はふだんから家族みんなの声を聞く余裕をもつことが大切だと思います。今回は、家族みんなで不登校のときのことを思い出しながらまとめました。

2 お父さんに「ありがとう」って言いたい……母親Y・Sさんの手記

不登園のきっかけ

次男のB男が四年間の不登園・不登校をへて学校に戻ったいきさつについて書きたいと思います。

B男がかよっていた幼稚園に行きたがらなくなったのは、三歳下の妹が白血病で一年一ヵ月の闘病の末、亡くなってしばらくしてからでした。幼稚園の年中の九月のことで、しばらくは無理やり連れていきましたが、家族みんなが疲れていたこともあって、ある日、登園を無理強いすることをやめました。

いいよ休んで、元気が出たら行けるようになるさ、といった感じでした。ところが、いっこうに行くと言いださず、友達とも遊びません。兄の友人が来れば一緒にゲームをすることはありました。ただ母親の私を独占したいようでした。

三ヵ月ほどして私は、市の教育相談に電話をして、ときどき先生と様子を話すようになりました。しばらくして「会いに来ませんか」と誘われて、相談員の面談を受けました。最初に言われたのは、「子どもおとなになっていますね」という言葉でした。「ここに来ているときには、思いっきりわがままが出せるようにしてみましょう」

言われてみれば、小学校から帰ってきた一年生の兄にくっつけて「どこへ行ってもいいけど、必ず二人でいるのよ」と言いおいて、夕方三時間も三歳のB男を残して、私は毎日娘の病院に面会に行っていたのです。その間、B男は一度も寂しいとか行かないでとは言いませんでした。そういえば、小さいながら、がまん強く、ものわかりのいい子どもでした。その後、気をつけて見てみると、兄は自分の気持ちの出せる子どもで、よく怒ったり、泣いたり、かんしゃくをおこしたり、ダメモトで難題を言ってきたりと、わかりやすい、いわば子どもらしい子でした。家族で出かけたとき、昼の食事できょうだい二人の意見がとんかつとラーメンに分かれたときも、弟のB男が「じゃ、とんかつでいいよ」と妥協してくれたものです。

園に行かなくなってから、B男は寝るときによく、怒りながら幼稚園時代の話をしてくれました。「母の日にママの絵を描きなさい、と言われて描きたくなかったけど、描いたんだ。ちっともうまく描けていないのを園長先生に褒められて、すごく怒ったことがある」と言って、さめざめと泣くのです。また「みんなのへや、と書いてある部屋に入ったら、星組（年長のクラス）から、出ていけって言われた。ぼくは、みんなの仲間じゃないの？」と、またメソメソ……。この子は反芻動物ではないかしらと思うほど、繰り返し、繰り返し同じ話を聞かされました。そのたびに私は「つらかったんだね、幼稚園の帰りにお母さんにそのことをすぐ話せたらよかったね。そのころ病院で付き添っていたから、毎日会えなかったもんね。ごめんね」と謝るだけでした。友達とはほとんど遊ばない日々が続いていました。

五歳の秋に、たった一人行き来のあったお友達のお母さんから「お宅のお子さんと遊ぶようになってうちの子が、言うことを聞かなくなったので、もう遊ばせたくありません」とおおぜいのお母さんたちの前で、突然言われました。遊んでいるときに何かあったのなら、そのときに言ってほしかったとあとから思いましたが、そのとき私はショックでかたまってしまいました。突然ナイフでひと突きされたようでした。いつかわかってもらえる日まで（それは、成長の過程で起きる反抗期で、B男のせいではない、ということ）離れておくしかない、と腹をくくりました。私自身もとても孤独でしたが、夫や幼稚園以外での友人が一緒になって怒ってくれたのが救いでした。私は教育相談でも泣きながら話しました。

相談員は市内の小さな私立の幼稚園をすすめてくれ、卒園まであと五カ月という時期でしたが事情を話して受け入れてもらいました。本人も、私が一緒にいるのならという条件でかよいはじめました。毎日行きしぶりますが、行くと楽しそうにしているので、私もかよいつめました。B男が幼稚園にいる間、ずっと私が一緒に付き添う日々が続きました。

先生の指示で、だんだん本人から離れて見守るようになり、しばらくして隣の先生の部屋で待つようになりました。翌年の一月末、用事で自宅に戻らなくてはならず、「一時間したら戻ってくるから」と言うと、「もう、お迎えの時間でいいよ」とはじめて解放してくれたのです。そのころから、あやとりを同級生に教えてブームをつくったり、友達の家を行き来するようになり、B男は楽しさいっぱいで卒園しました。

小学校での不登校

小学校の入学は、スムーズにいきましたが、行事のたびに行きしぶり、そのたびに夫が抱えていったり私が引きずって連れていっていたように記憶します。年間三十日から四十日休みましたが、馬力のある魅力的な先生が担任で、だんだん慣れていきました。私ももうすっかり大丈夫と安心していました。

ところが、二年で持ち上がりとばっかり思っていた担任が転勤になってしまい、次の担任を嫌って、B男は五月からまったく学校へは行かなくなりました。このころ、よく怖い夢をみた、と話してくれたのがたいてい学校の夢で、校舎にお札が落ちていて、めくると「死ね」と書いてあったとか、そんな話でした。寝る前によく「昔話をして」とせがまれ、桃太郎やかぐや姫などの話をしているうちに、奇想天外な作り話を二人でするようになりました。まったく学校に行く気がないので、私は、フリースクールの見学に行ったり、「きのくにこどもの村」の資料を取り寄せたり、いっそ自分で学校をつくることはできないものかと思いあぐねていました。

十二月ごろから、ふたたび友達とゲームをするようになり、冬休みはよく遊びました。三学期が始まっても登校はせず、「また、退屈になる……」と寂しがるようになりました。

そのころのB男は、「僕は本当は友達と一緒に学校へ行きたい」と言うようになっていましたが、「でも勉強が遅れてるし、どうしていままで学校へ来なかったかと聞かれるのがいやだ」というジレンマに苛まれていました。外で遊んでいると必ず、おせっかいな大人から「どうして、学校に来ないの？」聞かれるのです。夫もよく「B男は学校に行けるんじゃない？」と言ってくるのですが、どうすればいいのかわかりませんでした。

二月末の授業参観の日、みんながどんなことを習っているのか、私一人で見に行きました。テーマは「僕と私の小さかったころ」。先生が一人ひとりの赤ちゃんのころの写真を前に貼って、「これは誰だ」と聞いているのです。私ははっとしました。B男の写真を持ってきてほしいとは言われていなかったのです。「もう、先生から忘れられている」

寂しさと同時に、繊細なところのあるB男はこの配慮のなさがいやだったのかも、と気づきました。悪い先生ではないと思ってきましたが、憤慨しました。私は急いで家に戻って、アルバムのなかの一枚の写真をはがし、みんなに見せていいかB男に聞いて、学校へ取って返し、教室へこそこそ入って、先生に手渡しました。先生はなにごともなかったかのように前に貼り出しただけで、わびの言葉もありませんでした。

克服への道のり

三月末に精神科医の町沢静夫先生の講演会に誘われて、気が進まないまま行きました。ここで私は目がさめました。「登校刺激をするな、というのは間違いです。ほとんどの子どもたちは、本当は学校に行きたいんです」

そうだ、B男も行きたいと言っている。でもどうやって？「子どもはいつか大人になります。このまま引きこもって、親が一生の面倒を見るのですか？　無理ですよ。先に死ぬでしょ？」

そうだ、社会に出て、一人前にするまでが親の責任だ。なんだか、あの子がずっと子どもでいるような気がしていた。

先生の言葉は私にグイグイと迫ってきました。誘ってくれた友人は「べつに新しい発見はなかった」とがっかりしていましたが、私は、B男を学校に送り出そうと決心していました。

帰って、夫に講演の内容を一気に話すと夫はきょとんとして「僕はずっとそう思ってた。ムリとかできないとか君が言うから、そうかなあ、とあきらめてただけだ」と言うのです。とにかく、新年度が迫っていたので、まず「絶対、あの先生はいやだ」とB男が言っている担任を替えてもらおう、と二人で校長に会いにいきました。そのとき、できるだけ感情を抑えて「なんとか学校に戻そうと考えているので、大きなきっかけとして担任を替えてほしい。もし担任が替わるのであれば、始業式の前日に会いに来るので、教えてほしい」と頼みました。もう、なりふりかまわず、でした。バカな親と思われても、こんなふうに甘いから不登校になるんだと笑われていても、いま考えられるのはこれしかない、と思いました。

でも、実際、きっと替わることはないだろうな、とあきらめていました。

それとほとんど並行して、石川瞭子先生の『不登校と父親の役割』という本を知人にすすめられてすぐに読みました。感銘を受けたので夫にも大急ぎで読んでもらいました。「最低二カ月で、この家の決定権は父にあることをわからせる」なんて、新学期まで一週間しかない今回の場合はとても不十分でしたが、いままで子どもたちの前で「ほんと、お父さんったら子どもなんだから」などと不用意な言葉を平気で発していたことを、反省しました。その日からわざとらしいくらい、「やっぱり、お父さんはすごい」という場面を演出しました。

前日、学校に呼ばれ、担任が替わることを告げられました。このときも二人で会いに行き校長先生から「とうちゃんがでてくれれば、もう解決したようなもんだよ」と言われましたが、チンプンカンプンでした。「また新学期始まって、退屈するよー」と言うB男には、担任が替わったから学校に行こう、と父親が話しました。

学校に行こう

翌朝、布団にしがみついて離れないB男を、二人で引きはがし、着替えさせ、夫が抱えて家を出ました。私は靴と荷物を持ってついていきました。校門で校長先生が出迎えてくれて、B男もさすがに親に抱えられてるところを見られたくなかったのか、靴をはいてとぼとぼ校舎まで歩いていきました。校舎の入り口で別れた夫は、戻ってきて私に、「おい、B男、ツクシをつんでこいって、先生が声をかけてたよ。なんだかとぼけてておもしろいね」と言って、会社に行きました。B男は帰ってきてからは、友達と春休みの続きで遊んでいたので、やれやれと思っていました。ところが、夜、布団に入って突然「おかあさん、苦しいから、もう僕を殺してー」「殺してー」と泣くのです。私も泣きましたが、本に「これは、第二の誕生、苦しい陣痛がきます」と書いてあったのを思い出して、「何バカなこと言ってんの、さっさと寝なさい」とだけ言って取り合わず、じつは私も泣きながら寝ました。二時間近く「殺してくれー」は続き、泣き疲れて、眠ったようでした。

翌朝、またしがみつき、抱える夫をボコボコ叩きながら家を出ました。私たちは学校の前までついていき、観念して、自分で行くよ、と歩きだしたB男をおいて私は家へ戻りました。しばらくして夫が帰ってきて、「本当に抜け目のないやつだ、門の外に隠れてたら、脱走してきたから、教室までついていって、先生に手渡してきた」と言うのです。

翌朝もまた夫が抱えていきました。「上の子（小六、四十五キロ）だったら、こうはいかない。小さくてよかった」と言いながら。

その日B男は、帰ってきて開口一番、「おかあさん、おとうさんに「ありがとう」って言いたい」と言うのです。「あらそうなの、自分で直接言いなさい」と言うと、「でも、また行けなくなるかもしれないし……」と自信なさげで、「そのときはそのとき、いいじゃない」と言うと、「じゃ、遊んでくるね」と行ってしまいました。

まるで石川先生の本に書いてあるとおりで、驚きました。一週間かかるとあったので、覚悟はしていたのですが、こんなにも早く、「ありがとう」って言ってもらえるとは。

それ以来、行きしぶる日もあれば、遅刻していく日もあるけれど、友達と本当によく遊ぶようになりました。とくに、四年生になってから、外遊びがふえ、助けオニ、けいどろ、三角ベース、だんご作り、秘密基地作り、とギャングエイジそのもの。学校から帰るとランドセルを放り投げ、一目散に公園へと飛び出し、帰ってくるとキッチンをのぞいて「わー、いいにおい、今日なんなの？」と言うような、子どもらしい子どもにようやくなりました。

答えは子ども本人がもっている

いまでも不思議なのは、町沢先生の言葉です。友人にとってはなんでもなかった言葉が、私にだけグイグイ響いたのはなぜ？　すごくあたりまえのこと（それまでも彼女は同じことを私に何回も言っていて、どうして届かなかったのか不思議がっていました）なのに、どうして背中を押されたと感じたのだろう？　そしてどうしてあんなにタイムリーに石川先生の本と出合えたのだろう？　あの本がなければ、決心はしたものの迷いが多く、どうやったらいいかわからなかったかもしれません。どうして本に書いてあるとおりにことが運んだのだろう？

羽仁もと子さんの著書に『おさなごを発見せよ』（婦人之友社）という本があります。この本にも感銘を受けました。

B男の本心が本当は学校に行きたがっていること、そのことを私に言える関係になっていたことがポイントでした。答えはB男本人のなかにあったのです。B男の声は私の鼓膜に届いてはいたけど、心には届いていなくて、どうしてやればいいかわかりませんでした。本からヒントを得ていったんわかってしまうと、今度はなりふりかまわずやりました。本に書いてあったからやったとか、町沢先生が言ったからではなく、本当にそれが私たちがしてやれることだ、という強い確信をもってやったことがよかったと思います。夫は私より早く気づいていたので、すぐ協力して取り組めました。新年度早々、会社を遅刻するのは立場上不都合だったかと思いますが、何も言わずに自分のこととして取り組んでくれました。夫に感謝しています。

3　それは次女が中一のときに始まった……母親N・Tさんの手記

次女の不登校

次女C子が中学一年の冬休みでした。朝からバスケットボール部の練習に行き、二時ごろ帰ってくると、堰を切ったように不満をぶちまけました。「やってもやってもできないことばかり言う。どうすればいいかわからない」

その日以降、新学期が近づくにつれてC子は体調がどんどん悪くなっていきました。何も口にせず、しんどそうにゴロゴロしています。みるみるやせました。病院で点滴を受けて検査も受けさせましたが、身体はどこも悪くないとのこと。その病院で紹介された大学病院を受診することにしました。「学校はいいから、先生に診てもらおう」と言うと、その日から食欲が徐々に回復し、軽い食事はとれるようになりました。「今日は何食べた?」「……」(餃子四個とリンゴジュースをコップに半分ぐらいと私が代弁)「けっこう食べられたんだね。学校は行かなくていいって言ってくれたら食べられるようになったんだ。学校行きたくないのかな?」「行きたくない」

型どおりの問診を受け、一週間後、大学病院に入院しました。母子分離ができていないとの診断で、面会制限を受け、院内学級に転校しました。大部屋で制約も多いものの、友達もでき、だんだん元気になって、体重も少し戻りました。中学校の担任の先生は二回お見舞いに来てくれました。院内学級にかよっているので出席扱いになりますし、家にいられるよりもずっと楽でしたが、医療費は高額医療費請求ができるほど高いものでした。

入院中、主治医とC子と私とで面談がありました。C子はあらゆる教師への罵詈雑言を口にしました。彼女の評価がまずまずなのは体育と技術・家庭科の先生だけで、それ以外の先生を嫌悪していました。C子の話は、それまでに私が見聞きしてきた情報とも一致するので、先生の質が低すぎる、先生が替われば登校できると思い、私は学校に出向き校長に話してみました。「娘さんの言うことは理想論ですが、教師には教師の考えがあると思います」

言われてみれば、それが現実でしょう。よりいい学校にしていく必要はありますが、私が意見することでは何も変わらないのです。これは、別の方法で別の人びとが取り組むべきことだと認識しました。

三学期の終業式は院内で迎えました。終業式では、C子が作文を読み、看護婦さんや先生も感動して泣いたというのですが、どんな作文だったのか教えてくれませんでした。

C子は「二年からは登校する」と約束して退院し、春休みはゆったり過ごしました。

いよいよ新学期。始業式と二日目はつらそうに登校しました。

三日目、「そんなにつらいんなら、行かなくてもいいよ」と思わず私はC子に言ってしまいました。二カ月以上も入院してやっと登校を決心したのに、C子の泣きそうな顔を見るとかわいそうでならず、たった二日で私がつぶしてしまったのです。このときに、この子を不登校にさせないというハッキリした意思があれば、泥沼化しないですんだかもしれず、悔やまれてなりません。C子は不登校を始めました。

その当時、私は不登校自体が悪いとは思っていませんでした。ただ引きこもりにだけはしてはいけないと思いましたが、学校に行けなくても家の手伝いをしたり、遊んだり、近所の人と話したりすればいい。そんなふうに考えて、C子と買い物に行ったり、私の友達の家に連れていったりしていました。

長男の不登校

一方、次女C子の入院と同じころ、小学校六年の長男も行きしぶりが始まりました。朝、腹痛を訴えて布団から出ず、週に三日ほどしか登校しなくなりました。児童相談所に長男を連れていくと、いくらか気分が晴れたようで、「中学にバスケットボール部がないので、バレーボールをする」と言っていました。ただ生徒減でバレー部も休部になってしまったせいでしょうか、中学入学後、一週間でピタッと行かなくなりました。

私と子ども二人は、大学のカウンセリングを受けるようになりましたが、二カ月ほどでC子が脱落し、結局、中止しました。

このままではいけない。学校は無理でもどこかに行かせたいと考え、同じ年齢の子どもたちと会える場所、なんらかの勉強をできる場所を探しました。週に一回集まっている会を見つけ、C子を連れていきましたが、ここもダメでした。

わが家に不登校の子どもを集めてみようかとも考え、前向きにいろいろ想像してみましたが、現実に行動を起こすパワーはありませんでした。

幼稚園児の次男もいずれ不登校になるかもしれず、いまはなんとか登校している高校生の長女もいつそうなるかわかりません。家が暗くならないようにつとめて明るくふるまい、不登校の二人にはなにかしら手伝いを言いつけたり、勉強させたりしました。口やかましく言う祖父母もなだめなければならず、一人暮らしの私の母には心配をかけたくなかったのでぐちをこぼしに行くところはありません。また、気の弱い夫が落ち込まないように励まさなければなりませんでした。近所に買い物に行くにも、うしろ指をさされているようで本当に身の縮む思いでした。

私が不登校を隠そうとしているようでは、この子たちは前を向かない。堂々と不登校をしよう。この子たちはちゃんと育てたから、いまのひどい学校に行けないんだ。この子たちの声に耳を傾けない学校が悪い、と思うことにしました。そう思えば気が楽でした。C子には料理を教え、裁縫や刺繍を教えました。息子には仕事を与え、社会人のバスケットボールの練習に参加させてもらうようにしました。

そして長女の不登校

生活が荒れないようにがんばりましたが、長女ももちませんでした。長女は五月ごろからときどき休むようになり、六月末ごろからまったく行けなくなりました。

宿題をしないと床に正座させる教師がいて、長女はしていくものの、ほとんどの人がしてこないから正座させられ、それを見るのがいやだと言います。

三人とも不登校のまま夏休みに入りました。どうしてこんなことになったのでしょう。休み中はいくらか気持ちが楽でした。

この時期、気分転換にと参加した研修会の講師が石川瞭子先生でした。講師が不登校に取り組んでいることが紹介され、三人の不登校のことを話すと、「どうぞ、大学のほうへいらしてください」と気楽に言ってくださいました。

翌日から、石川先生の著書『不登校と父親の役割』を読みました。不登校の本はけっこう読んでいましたが、この本ははじめてでした。夫は何か考えて行動を起こすような人ではなく、この本は敬遠していたのです。それに、いつもは不登校を肯定する本ばかり読んでいました。「不登校でも大丈夫」「あるがままを認めましょう」という内容のものです。元の生活に戻ることはあきらめていました。

不登校になったら再登校はむずかしい。ならば、さっさとあきらめたほうが早く楽になれる。学校を離れて違う道で立ち直りが始まる。だから、早くあきらめれば早く立ち直れると理解していました。私自身も「学校は行かなくていい」と思い込むように努力していました。ところがこの本には、違うことがストレートに書いてあります。すんなりと理解できました。この本を読んで、私が封じ込めてきた普通の感覚がよみがえってきました。

このまま不登校していては立ち直れるはずがない、なんとかしなくては、と思いはじめました。百八十度の転換です。再登校の可能性があるのならなんでもしようと決心し、石川先生に面接の約束をしていただきました。父親も一緒にと言われたので、夫に本の内容を説明しました。面接の日には仕事を早退して同行してくれました。石川先生との面談は、たいへんスピーディーでした。いままでの経過や一人ひとりの生い立ちなど聞かれることはなく、いまの状況の話から始めました。「祖父母と別居することでうまくいった例があるのですが、どうですか？」「うちでは無理です。年寄り二人だけでは生活できません」「それなら、上の三人にそれぞれ個室を与えることは可能ですか？　お父さんが決めて、お父さんが主導で部屋換えをするのがいいでしょう。それから、それぞれに手伝いを決めて、手伝いに応じて小遣いをお父さんが渡してください」

夫は、不登校を解決したい気持ちはあるものの、石川先生を信じきれていませんでした。父親がしっかりしてないからだめなんだと、全面否定された気がして落ち込んでいました。部屋替えや小遣いを自分が渡すことと不登校の解決になんの関係があるのか理解できないので、夫は行動に移せませんでした。私もよく意味がわかりませんでしたが、なんとか先生についていこうと必死でした。本を読み直し、父親が子どもの上に立つことが必要で、自立には個室が必要だと話し、お父さんが悪いんじゃない、一緒にがんばろうと話し合いました。元来夫は、行動力や決断力の弱いところのある人でしたから、次回の面談までに先生との宿題をこなすには、私が動くしかありません。「次の日曜に子どもに部屋替えをすること、言っといて」と誘導し、当日は一人で家具を移動させはじめました。しかたなく夫も動きはじめ、子どもたちも手伝って部屋替えをしました。トイレ掃除、風呂掃除、掃除機などの分担をさっさと割り振り、「ちゃんとしたら、給料日にお父さんがお小遣いくれるから。ね、お父さん」。「これからはそうする。きちんとしろ」

まったく母親主導でしたが、いちおうなんとか宿題を果たして先生とお会いしました。「二学期からの再登校開始でいいですか。まず次女のC子さんから始めるのがいいと思います。両親で車に乗せて、教室まで一緒に行ってください」「そんなに簡単にいくとは思わないのですが」「両親でしっかり協力して取り組んでください。車に乗ってしまえばあきらめます」

学校には、大学の先生の指導を受けて二学期から登校させると話したところ、「できるだけいい状態で受け入れたい。その先生に直接話が聞けますか?」と言ってくださり、再登校前に担任の先生方が、石川先生と直接会ってくれました。

次女と長女の再登校開始

いよいよ始業式の日。玄関に車を回し、次女の部屋に乗り込みました。「学校へ行くぞ。おまえは学校へ行くことが必要だ。お父さんは決めた」「急にわけわからん。行かない。超むかつく。いつものお父さんは、どこ行った?」

口論は無意味と私は布団をはぎとり、次女を引っぱりました。体はすっかり大人で、重くて動きません。ベッドに上がりこみ、なんとか抱きかかえました。夫は「そこまでするか」という顔で呆然と突っ立っています。

二人がかりで抱きかかえ、部屋から引きずりだし、車に押し込みました。学校に着くと、担任が

「先生から聞いていますから。あとは私が一緒に教室に行きます」と言うので、石川先生と連絡がとれていると思い、引き渡して帰りました。夫婦はよれよれです。

担任の先生に任せて帰ったことを石川先生に連絡しました。「担任に任せるのはまずい。次は長女ね、がんばってください」「お父さん、これから長女も連れていけって」「まだやるんか？　もお今日はいい」「何を言うの。行くよ」

もちろん私も躊躇しましたが、石川先生についていこうと必死で、父を追い立てて長女の部屋に押しかけました。「妹は学校に行った。おまえも行きなさい」

父の宣言のあと、車に押し込んで連れていきました。妹より抵抗は少なく、校内まで車で入りました。あとは自分で行くかと思っていると、急にドアを開けて素足で飛び出し、裏門から逃走したので、二人であとを追いました。

恥も外聞もなく、「その子捕まえてー」と大声で叫びながら追いかけましたが、見失いました。いろんな不安が頭をよぎり、息を切らして町中を探しまわりました。生きた心地はしませんでした。ようやく、道端に座り込んでいるのを見つけました。だらーんと力の抜けた身体を車に乗せ、ふたたび校内に乗り入れ、いざ降ろそうとすると、シートにしがみついて降りようとしません。そのうち長女は泣きだしました。「先生を呼んできて。そしたら行くから」

担任の先生に引き渡して帰りましたが、私たちは汗びっしょりで、言葉も出ません。

ところが家に帰ると、中学校から何度も電話があったと、祖母がおろおろしています。次女が教室には入らず、「窓から飛び降りる」と大騒ぎだったらしく、迎えに来てくれとのこと。「今日は、教室に連れて入らなかったので暴れたのだと思います。教室に入れば落ち着きます。二人でついていますから、明日は教室まで入らせてください」

両親が付き添うこと、ほかの学年まで動揺させては困るので朝礼など全校でするときは出ないことを約束し、了解を得ました。

二日目、長女はなぜか自力で登校しましたが、次女は前日以上の抵抗でした。「ばか、離せ、死ぬ」と絶叫します。それでも車に押し込み、教室へ連れて入りました。次女の両脇に座り、席を立つたびに抱いて座らせること二時間。三時間目のグループ学習で同じ班の生徒さんが声をかけてくれたのがきっかけでグループの輪に入り、落ち着きました。

三日目、次女は、登校前に家のトイレに閉じこもってしまいました。ドアを叩いても返事がありません。刃物を持っているかもしれず、心配でなりません。父が窓を割って連れ出しました。「もう死ぬ。全部忘れて楽になる。さようなら」。トイレにメモ書きがありました。それでも、パジャマのまま担いで車に乗せ、相談室に連れて入りました。次の日もその次の日も、暴れるのを担いで連れていきました。

六日目、担ごうとすると、「さわらないで」と自分で着替えました。それからは自分で準備するようになり、だんだんと素直に車に乗るようになりました。「死ぬ」などと言うことはもうなかったものの、「ご両親がついているからと言われたのですから」と学校に言われるので、夫は七日間、仕事を休みました。八日目からは私一人だけ付き添いました。

十九日目、やっと付き添い免除の許可がでました。このころから自転車で登校しはじめました。

再登校を始めて一ヵ月、娘二人はなんとか落ち着いたように見えました。

十月からは長男の再登校です。まず長女、次女、次男と三人の子どもを見送ったあとで部屋に押しかけ、父の「学校に行くぞ」という宣言のあと、格闘すること三十分。なんとか登校させました。

次の日も格闘です。体格は夫よりひと回り大きく、おまけに少林寺拳法の覚えがあります。骨折ぐらいは覚悟していましたが、それでも力で連れていくことは無理でした。この日は断念しました。

次の日、あざだらけの私の体を気遣ってくれた夫が一人で取り組み、玄関まで四時間、玄関で二時間粘りました。息子は突然ヘラヘラと笑いだし、トントンと手でリズムをとり、瞬きもしなくなりました。頭がおかしくなったのだろうかと不安になりましたが、このまま不登校にしたら本当におかしくなると思い、なんとか押しきって登校させました。

次の日は三時間、その次の日は四時間かかって登校させました。六日目、長男ははじめて自分で起きだしました。その後は、一、二日は自転車で登校したかと思えば、バリケードをして立てこもったり、壁やドアを叩きまわったり、息子の部屋はボロボロです。

ドアを内と外で押し合い、十二時間粘った日もあります。それでも、二人で言葉をかけつづけ、なにがなんでも学校に行かせました。学校に着いたのが夕方ということも何度もあります。

行ったり行きしぶったりを繰り返していた十一月のある夜半、突然夫が吐血しました。翌日、早く病院に連れていきたいのですが、それでも息子は登校しません。やっと登校してから受診し、そのまま入院しました。もう、夫は手伝ってくれません。朝、私は子どもたちと戦い、それから夫のいる病院へ行くようになりました。

次女のリストカット

「お父さん、調子はどうですか？　私のせいですね。学校に行くのが一番いいのはわかっているけどできません。辛くて辛くて行きたくなくても朝になればお母さんは部屋に来ます。毎日その繰り返し。もう疲れました」（次女から父への手紙）

期末テスト中の十二月初旬、中学校から呼び出しがありました。次女がトイレで鍵をかけ、手首をカミソリで切っているとのこと。仰天しましたが、いまは何もしてやれません。なるべくストレスを減らして登校を続けるということで学校側と合意し、保健室登校に切り替えて、嫌いな先生の授業は保健室に行くようになりました。

十二月中旬、夫は手術を受けました。

「お父さん、調子はどうですか？　お父さんは突然、学校へ私を無理やり連れていきました。辛くて何度も自殺を考えました。自分を傷つけ、泣いてばかりの毎日でした。つらいのは私だけだと思っていました。私のことを一番考えてくれるのはお父さんとお母さんだとわかっているのに、口から出る言葉は二人を傷つけてばかりです。ごめんなさい。でも、二人がいればできるような気がします。だからお父さんも一緒に頑張ろう」（同）

苦しい闘病でしたが、病院で夫と二人になるとホッとして、幸せな気分でした。術後の経過はよく、一月中旬に退院。食事の練習をして、職場に復帰しました。夫の会社では、子どもの不登校の解決に取り組みたいという申し出を理解してくれ、迷惑をかけているにもかかわらず、「がんばれ」と励ましてくれました。続いての病欠も受け入れてくれてありがたかったです。

次女のリストカットは保健室登校に変えてから収まり、休まずに登校しました。問題は、新学年です。再登校を始めたときから支えてくれていた担任の先生は退職が決まっていました。「先生が学校を辞めると聞いてびっくりしました。毎日保健室に顔を見に来てくれて嬉しかったです。わがままばかり言ってごめんなさい。何度も死のうと思いました。〝本当にあなたが死んでしまうのではないかと不安で眠れませんでした〟という先生の手紙を読んで、どんなに先生を苦しませたか気がつきました。離任式での先生のあいさつ、涙をこらえられませんでした。三年になって、段々教室に行くようになりました。先生、絶対良い一年にするよ。また会おうね」（次女の新聞投稿）

リストカットの再発

次女はしだいに定刻に登校できるようになり、保健室にいる時間が少なくなりました。中間テストも五教科のうち三教科受け、まずまずの成績をとりました。

父は、「もう十分だ」と言いましたが、社会に出るのに、もう三年間学校に行かせたほうが成長するだろうと判断し、高校受験に向けた準備にとりかかりました。学校と交渉し、保健室登校でも成績をつけてもらえることになりました。

次女に相談すると、返事もせずに自分の部屋へ入ってしまいました。翌日から学校でのリストカットが再発し、学校からは、責任をもてないと通告されました。

人づてに心療内科を探し出し、リストカットを止められる方法はないか相談しました。いままでのことを思い出すのがいやなのか、次女は話の途中で診察室から退室しました。

医師はあきれ顔で、「そんな方法はありません。学校は命をかけてまで行くところですか？　そこまでするお母さんの気持ちがわかりません。娘さんは助けを求めているのでしょう。娘さんはどこも悪くありませんよ」。

ここまできて、不登校に逆戻りさせるわけにはいきません。医師の話をそのまま学校には話すことができず、とりあえず精神的な異常はないと言われたと報告して、登校を続けながら援助してくれる医師を探すことにしました。

石川先生に紹介してもらった医療ケースワーカーに事情を話して、心理療法士の先生と面接しました。私だけが行き、リストカットの症例の一般的な経過・予後・対応などをていねいに教えてもらいました。「一過性のもので、ずっと続くことはないそうです」と都合のいいところだけ学校には報告しました。

克服に向かって

その後もリストカットの行為は続いていました。「K子助けて、手首を切ったわ。自分でない自分が出てきそうになる。このままじゃ、死んでしまうわ。ほんまどうしたらいい？」と、当時C子は友人に宛てて手紙を書いています。そうしたある日、心配してくれた数人のクラスメートがC子の左腕にびっしりと油性マジックで「切っちゃだめ！」と書いてくれ、リストカットは思いとどまるようになりました。

再登校しても、すぐに普通の生活に戻れるわけではありません。毎朝、不安はあります。実際、月に二度ほどはきょうだいの誰かが行きしぶりますが、「学校は行かないといけない」と言うと、ふてくされながらも登校します。

次女は進学する気になり、私立高校に合格しました。長男は、何を思ったか生徒会長に立候補して当選してしまいました。長女は「大学に行って一級建築士になる」と言っています。そんなにスムーズにいくはずはないと思いますが、以前のことを思えば天国のようです。

一日乗り越えれば、一日分だけ子どももたくましくなります。もう三年ぐらいがんばれば、社会のなかでもなんとかなるのではないかと希望をもっています。

4　子どもの不登校に迅速に対応した父親……カウンセラー・執行羊子さんの手記

Dさんから面接の申し込みがあったのは、八月中旬の午後でした。電話で夏休み前に不登校になった小学五年生の長女D子（十一歳）が、このままだと九月からの二学期に登校すると思えないこと、『不登校と父親の役割』という本を読むと、D子の不登校は「在宅解放型」であると思われること、父親が一緒に登校するという方法があることがわかったことなどを、Dさんは一気に話しました。夫婦と、できれば不登校のD子さんも一緒の来所を要請すると、「えっ、妻も一緒にですか」と意外そうな返事がありました。不登校の問題は夫婦で一緒にカウンセリングを受けてもらうほうが解決する確率がいちだんと高いことを告げると、夫婦二人そろっての来談を約束してくれました。

初回の面接には夫婦で来所しました。自己紹介をしたあと、面接はカウンセラー二人で担当すること、面接中はほかの相談員がオブザーバーとして衝立の後ろに控えていること、面接が終わったあとはチームで話し合いをし、結果をその後の面接に反映すること、必要に応じてスーパーバイザーとして石川瞭子先生に助言を求め、より効果の高い面接をめざしていることを伝えて夫婦の了解を得ました。

不登校の経緯

六月中旬にD子は、弟（小二、七歳）と母がカゼで寝込むと、自分も具合が悪いと一緒に学校を休みました。翌日も具合が悪いと休んだのをきっかけにD子の不登校が始まりました。おかしいと感じた母親がわけをD子にたずねると、「新しい担任の先生が嫌い」と答えました。当番の生徒が掃除をしなかったなど、ささいなことで授業を中断してクラス全員に連帯責任をとらせることが何度かあり、D子は担任の先生に違和感を感じていました。母親は困惑しましたが、数日間休ませるといったんD子は登校したので安心しました。ところが、週明けにD子はふたたび登校をしぶりました。保健室なら行けるかもしれないと思い、養護教諭に相談して保健室登校を試みました。D子は保健室なら行ってもいいと登校しましたが、翌日からは登校がまったくできなくなりました。母親が学校へ行こうと話しかけると、お腹が痛いと言って動こうとしません。

母親から担任の教師に不登校の事情を話したところ、教師からD子に手紙が届きました。D子は、「先生は謝っているけど、私に媚びているようでいやだ」と受け付けず、返事を書こうともしませんでした。心配を募らせた母親は、学校の養護教諭と市の電話相談窓口に相談しました。どちらからも「D子は疲れているようなのでゆっくり休ませてあげましょう。九月からの登校をめざしたらどうですか」とすすめられて、母親はそれにしたがっていました。

母親は、養護教諭を中心に担任教師と話し合う機会をもちました。そのさい、担任の教師から謝罪がありました。一方で、D子の不登校の原因は教師の発言がいやだというよりも、クラスの仲間にD子が気を許していないことからくるのではないだろうかとの担任教師の発言がありました。転校生のD子とクラスの仲間とのあいだに距離があるのかもしれないとのことでした。

母親はここでD子の性格にふれて、人見知りこそするが、面倒見がいい性格だと述べました。担任の教師は面倒見のいいD子を信頼して、クラスをまとめる役だと考えていたところにD子の不登校が起きてしまったことで、教師自身のほうがむしろショックを受けていると母親に語ったそうです。

D子は、学校は休んでいましたが、土日の地域の運動クラブには参加していました。最近は「学校を休んでいるのにクラブへ行くのは後ろめたい気がする」と言いはじめました。夏休みの前半には友達と約束していた行事に参加し、後半には家族との旅行に出かけました。不登校以外は問題がなく、家で明るく生活している在宅解放型であると考えたと父親は語りました。

父母はどう対処していいかわからないまま日が過ぎていきました。学業の遅れを心配した父母は家庭教師をつけることにしました。初回は問題なく過ぎましたが、二度目、Ｄ子はひどく反抗して家庭教師と勉強することを拒否しました。父親は、Ｄ子の思いを尊重するだけでは登校に結び付かないこと、自分が動きださなければと思ったこと、本に書いてあるように生活習慣の変更を試みたことを私に報告しました。たとえば以前は寝室は親子四人一緒だったが、子どもの自立をめざして寝室を別にしたこと、子どもに朝晩の仕事の役割分担を決めたこと、Ｄ子には夕食後の食器の片づけを担当させたことなどです。

夏休み前のことですが、母親がかよっている近所のメンタルクリニックに一緒に連れていこうとしてＤ子が怒って帰ってしまうという経緯があり、今回の面接にＤ子を連れだせなかったと父が言いました。母はそのクリニックでも「親が神経質に動かないほうがいい。見守ってあげなさい」と言われていました。

両親の希望をたずねると、「一日でも早く元気に登校してくれればと思います。できれば二学期から学校へ行かせたい」とはっきりした答えがありました。夫婦の意見が一致していたので、面接での行動目標をＤ子の再登校にすることを夫婦と確認しました。新学期まであと十日ほどでしたが、夏休みで連絡が途絶えていた学校側に父母の希望を伝える機会をできるだけ早くもつようにすすめました。

その一方で、母親は養護教諭と市の相談員の「本人の意志にまかせましょう」という言葉にとらわれていました。父親の主導で面接に来た母親は、父親のかかわりを歓迎しながらも自分がそれまでにしてきた努力を否定されるのではないかと戸惑っていました。援助者として私は、ともすればスケジュールをこなすことに一人で走りがちな父親に急ぎすぎないように、父母が二人三脚で走ることが大切なことをわかってもらうことに努力を傾けました。

Dさん家族はDさんの父母と二世帯住宅に同居していました。D子は祖母が好きで、祖母は母親に叱られたときのD子の避難所的な役割をしていました。D子と母親および祖母の結び付きが強い反面、父親とD子の関係が希薄で、Dさんはこの関係をなんとか変えたいという希望を強くもっていました。

面接終了後、カウンセラーとオブザーバーの検討のあと、Dさん夫婦は父母連合も親密度も比較的高いと判断しました。D子の不登校は、父親が考えているとおり「在宅解放型」である可能性がきわめて大きいという前提にたって、父母の協力ができれば、父親が登校をともにすることで不登校を解決できると考えました。同時に、拡大家族とのあいだに葛藤があることが予測できたので、その後の面接でその点にも焦点をあてることにしました。

二回目の面接は、新学期がスタートした直後でした。D子は八月中に夏休みの宿題を仕上げていて、弟と一緒に登校の準備もしていました。新学期の始まる数日前から「どきどきする」と口にするようになり、不安が増していたようでした。新学期が始まる日は着替えに時間がかかり、名札をつけられず、なかなか靴が履けませんでした。父が一緒に行こうと声をかけましたが、玄関を出たところでへたりこんでしまいました。D子本人は「学校へは行きたいけれど、行きづらい」とアンビバレントな心と行動を泣きながら訴えました。私はカウンセリングで、D子が行けなかったことよりも、D子に行きたい気持ちが大きくなっていることに焦点をあて、D子に登校への準備が整ってきていることを父母に伝えました。

父母は、学校側との話し合いの場を、初回の面接の直後に養護と担任の教師とのあいだでもっていました。その場で、積極的に親がかかわる方法での登校をめざしたいことを告げました。しかし、養護教諭は「父親が会社を休んでまで一緒に登校するのは、D子の背中を押して崖から突き落とすことにならないでしょうか」と言い、父母の申し出に賛成しませんでした。それでも父親と学校と協力してD子が登校できるようにしたいことを重ねて伝えると、担任教師は積極的に、養護教諭は積極的ではないが父母の意向を尊重して協力することを約束してくれたといいます。これらを報告する母親には、前回の面接時とはうって変わった意志の強さと積極性が見られました。カウンセラーとして、D子のそのときの状態を冷静に判断すれば、背中を押すことは登校につながる可能性が高いとの見解を伝え、登校に向けての父母の協力体制が整ったことを歓迎しました。

家族関係

その一方で、同居している祖父母との関係に何か問題がありそうでしたので、まず、D子の生育歴と同居のいきさつをたずねました。Dさん夫婦は新婚当初から実家が敷地内に所有する隣接したアパートに住みました。結婚後も共働きをしていましたが、D子が生まれ、母親は産休明けから一年間勤めました。その間、祖母がD子をたいへんかわいがって面倒を見てくれました。しかし、子どものためには母親が家にいるほうがいいと、共働きにははじめから反対をしていた祖母の意見に従って、母親は専業主婦となります。D子が三歳のときに弟が生まれたのと同時に二世帯住宅を建て、同居を始めました。子どもたちの面倒は祖母が見て、母親は食事のしたくをまかされました。D子が四歳になると、転勤でDさん家族四人は遠方に引っ越しました。新居の近くに園児の自主性を尊重した縦割り自由保育の幼稚園があり、D子はそこに入園しました。この幼稚園の教育方針が適していたようで、D子はすくすくと育ちました。小学校一年生のときには、いじめで不登校ぎみになった同じクラスの子を進んで迎えに行ったほど、面倒見がいいD子でした。母親は知り合いのいない土地で、はじめは心細くて外出もほとんどしませんでしたが、新しい生活と近所付き合いに慣れると、生活を楽しめるようになりました。父親は仕事に追われる日々でしたが、子育てに何か苦労をしたという記憶がまったくないと言いました。D子が小三のときにふたたび転勤によって実家に戻り、祖父母との同居が再開されました。転校時にはD子はすぐに友達ができたと明るい表情で帰宅して、心配していた父母が拍子抜けするほどでした。

しかし、祖父母との同居を夫は、同じ敷地内に住んでいたのだから当然のことと受け止めていましたが、妻はしかたがないと受け入れてしまっていた、と二人の認識が異なっていたことが明らかになりました。

新婚時代の同居と違って転勤先での生活で自分の生活スタイルができたあとでの同居を、母親は「お義母さんはすべてを私に任せたい人で、私はギャップを感じていました」と口にしました。その発言に夫は「自分は仕事で忙しく週末以外は家で食事を一緒にすることもありませんでした。自分の母が妻に頼っているのはわかっていたけれど、それでお互いにうまくいくのならその関係が自分にとってはいちばん楽だったからいいと思っていました」と述懐しました。六十代前半の祖母は戦争で兄弟を亡くし、一人っ子のように育っています。そのためか祖母は依頼心が強いだけでなく、同居は当然と考えるこの家族での中心的存在でした。一方で、祖母は面倒見もよく、地域では世話役を引き受けていました。D子が週に一度、祖母といまでも寝ていることが話題にのぼり、父親は「D子が望んでそうしている」、母親は「D子が気を使っている」とここでも父母の見解が異なりました。

同居を再開してから祖父母と父母のあいだがなんとなくぎくしゃくしはじめ、D子の不登校が始まる直前には父親と祖父母が激しく対立する事柄があり、以来、自分は祖父母と口をきいていないと、親世代との葛藤を父親がはじめて明らかにしました。

再登校へ

二世代間の葛藤は、父母のあいだでも言葉にしなかったために齟齬をきたしていました。にもかかわらず、父母のあいだには相手を非難する感情はほとんど存在しませんでした。言いたいことを言えてよかったと感じている様子の妻と、自分の思い込みだけで真実を見ていなかった夫にあらためて妻の気持ちを理解しようとする姿勢がうかがえて、Dさん夫婦のあいだの距離が近づいているという好印象をカウンセラーとしてもちました。

D子の再登校の実行については、父親自身が揺れているようでした。D子の毎日の生活をきちんとすることが先決ではないかとためらう気持ちを父親が出しただけでなく、登校するまでの父母の役割分担やD子に対しての接し方がわからないと夫婦そろって口にしたのです。カウンセラーの私は、失敗しながらやっていくしかないと伝えるだけにとどめました。妻は夫に全面的に協力する気になっていましたが、今回は父親に迷いが見受けられました。D子の再登校についての考え方や協力が夫婦のあいだで一致したことをカウンセラーとして喜びながらも、父母に決断を迫るまでにはいたりませんでした。

じつは父親は、転勤をD子の不登校の事情を説明して断っていました。私は父親の勇気を讃えると同時に、D子の再登校がうまくいくとの確信をもちました。

二回目の面接から得られた情報で、私を含めた相談チームは、Dさん夫婦と祖父母の世代間にあった葛藤を夫が解消するつもりでいることから、彼に関係を再構築する力があると判断しました。また、この問題がD子の不登校を引き起こす大きな背景となっていて、担任教師の件は引き金であったと推測しました。再登校の決断をしたものの、実行に踏みだせない状態の父母に対して力を付与する必要があることも認めました。

不登校の問題解決にはタイミングがひじょうに大切だと判断して、面接の数日後、フォローアップのファクスを送りました。父母の協力体制が整ったいま、再登校のチャンスがあること、時期を逸すると三学期もしくは新学年まで再登校のチャンスが延びる懸念を率直に伝えました。

九月中旬の三回目の面接予約日の数日前に母親から電話が入りました。父母がD子と登校する決心をし、学校側の受け入れ体制が整ったことが報告され、週明けに実行すると母親から決意表明がありました。「養護の先生の賛成は得られませんでしたが、主人と私の決意は変わりません。再登校を実行します」と彼女は宣言しました。

面接日は再登校後二日目にあたりました。来談した父母の表情に緊張と疲労がうかがえました。初日はＤ子が服を着替えるのにずいぶん時間がかかりました。着替えはすませたものの、Ｄ子は柱にしがみついて激しく抵抗しました。父母二人で両脇を抱きかかえて車に乗せて学校へ連れていきました。学校に着いて、待機していた担任と養護教諭にＤ子を引き渡しました。Ｄ子は午前中は机に顔を伏せて上げませんでしたが、級友の声かけに応じて給食をクラスの仲間と一緒に食べました。午後からは授業にも参加して、笑顔を見せていたと担任から母親に電話で報告が入りました。Ｄ子は帰宅するとふてくされていましたが、それでも母親が用意したおやつはしっかり食べ、おかわりをすすめると「お父さんの分がなくなるから」と以前にはなかった父親への気配りを見せました。二日目の朝はＤ子にあきらめがでたのと、前日の抵抗で生じた筋肉痛も手伝って抵抗は少なかったということでした。

Ｄ子の性格を考えて、今週いっぱいだけでなく来週も登校に付き添うと父親はきっぱりと言いきりました。再登校実行の途中でしたので、父母を強く支持し、実行の大変さの労をねぎらいながら、もう後戻りはできないことを確認して、翌日と休み明けの対応に十分注意するようにフォローしました。

父親はＤ子にどう接したらいいのか、とまどいを隠しませんでした。私は、少しずつと変える努力をしている二人の姿勢をかって父母双方を支えました。親としての子どもへの対応は試行錯誤で模索していくしかなく、ハウツーがないことをあらためて伝えました。父母は、現在は第二の出産中だからもう後戻りはできないと前日二人で話し合ったとみずからを納得させていました。

三回目の面接で私は父母の気持ちにできるだけ寄り添って、まずD子の再登校ができるだけスムーズに運ぶように父母を支えることにだけ集中しました。したがって前回の面接で出された祖父母との葛藤にはこの回は意図的にふれませんでした。

面接後の検討で、相談チームはD子を登校させた父母の協力とパワーを高く評価しました。次回面接では今後の揺り戻しに注意しながら経過をみていくことと、D子が順調に登校している場合には拡大家族とのあいだの世代間境界の確立と関係修復をも可能なかぎりめざすことにしました。

再登校開始後二週間がたった四回目の面接には、父母はほっとした表情とゆとりをみせて現れました。D子は三日目は弟と父親と三人で一緒に歩いて登校し、四日目、五日目は友達と一緒に登校できて、表情が明るくなった、とうれしそうな弾んだ声で母親から報告がありました。順調に自発的に登校を続けていて、担任の教師からは授業中に手を挙げて積極的に発言するようになったばかりか、級友とも積極的に話をしていて、教師もたいへん喜んでいると報告がありました。学校では陸上競技の大会に向けて、朝と放課後の練習が始まっていて、D子は朝七時には家を出て夕方戻ってくるハードな生活に身体的に疲れている様子でした。父母には不登校の揺り戻しの不安が見受けられたので、カウンセラーとして、休みが続く連休明けに注意をする一方で、父母に神経質にならないでD子に自然に接して、急ぎすぎないようにブレーキもかけました。

父親自身、子どものころの自分と父との関係にふれるなかで、仕事が忙しくほとんど家にいなかった父が自分とぎこちなさそうに努力して遊んでいた姿を思い出し、現在の自分自身と重なることに気づきました。仕事でほとんど家に帰ってこない父を子ども心に嫌悪していたのに、働きだしてみるとそうもいかないと彼は苦笑いしました。D子の不登校が始まる前から父親自身は仕事と家族とのギャップを感じていたので、再登校の実行を、すごいことをしているという感覚なしにできた気がすると振り返りました。

一方、母親は「自分だけでは解決できないことがあるということがわかりました。親としてやるときにはきちんとやらなきゃいけない、それも一人ではできないことに気がつきました。夫婦二人でこれだけ真剣にやったことはほかになかったと思います」と自分自身が気づいたことを淡々と語りました。

祖父母とは顔を合わせればあいさつをするようになり、週末には夕食を一緒にするまでに関係が修復していました。週一度の夕食は以前は祖父母のところでしていたものを、再開後は父母のところでとるようにし、食後もダラダラせずに切り上げるようにしていると、関係のあり方を変える努力をしていました。父親は、いまは線を引く場所でせめぎあっている状態と自己規定しました。

面接中、夫婦が顔を見合わせて話をする姿が多く見られるようになりました。順調な再登校と親世代とのあいだの線引きとともに父親の登場で対処できる体制ができつつあることを確信しました。五回目の面接予約を一カ月後にし、D子の登校が順調ならば面接を終結することをカウンセラーから父母に伝えると、すぐに了解を得ました。

面接後のチームの振り返りミーティングでも、D子の不登校の問題はほぼ解決できたと判断しました。同居している祖父母とのあいだにも線を引きつつある父親の実行力を高く評価するとともに、母親の気づきも大きな収穫でした。D子が順調に登校していることを確認できれば次回で面接を終結することに全員が合意しました。

一ヵ月後の五回目の面接には父母そろって笑顔で来談しました。D子はその後も順調に登校していました。父親は以前はD子に接するときに腫物に触るような感覚があると述べていましたが、それが若干変化して、叱ることに躊躇することがなくなったと言いました。

一方、母親は傍らの夫を頼もしそうに見ながら、以前は家のことでは夫をあてにしないでいたが一人では解決できないことがあることに気がついたとふたたび口にしました。最後に、父母とともにD子の誕生から現在までのDさんの家族の歴史を振り返る作業をおこないました。

面接回数五回、面接期間二ヵ月半の短期間でDさんの子どもの不登校は解決しました。子どもの不登校は、子どもの意志を尊重するという耳当たりのいい理由で放置され、その結果長期化して社会的閉じこもりになる傾向があります。Dさん一家のケースは、父親が子どもの不登校を早い段階でみずからの問題ととらえて、妻と協力して再登校をさせる決断をし、実行に移すことで短期間に解決できることを示唆しています。今日の明らかないじめや教師とのあいだに大きなトラブルが存在しない、理由の判然としない多くの不登校の問題の解決に両親、とりわけ父親の果たす役割の大きいことは、強調してしすぎることがないと私は考えます。それが子どもに対して果たす親の責任のとり方であると、Dさん夫婦はみごとに教えてくれました。

5　家族の問題としての不登校……カウンセラー・後藤弘美さんの手記

不登校の個々の相談事例は、家族構成や家庭環境が似ていても家族関係がそれぞれ異なり、相談対応もすべて異なります。唯一共通したことがあるとすれば、はじめに「夫婦ありき」です。子どもに現れる問題は、どのケースにおいても夫婦で考え夫婦で取り組む必要があります。

子どもがかかえる問題の多くは、家族関係のなかで必然的に現れたものです。いじめなどがストレスに結び付く場合もありますが、それはきっかけにすぎず、家族関係、家庭環境になんらかの問題が見られます。

不登校は「家族の問題」です。

ここに紹介する事例は、子どもの不登校を契機に、夫婦関係、家族関係を再構築し、不登校を克服したケースです。

事例の概要

主訴：不登校

相談対象者：E子（十三歳）　長女、都内の有名私立中学校にかよう一年生。

家族構成：E家　父親（一流企業の中間管理職、四十八歳）と、母親（専業主婦、四十四歳）、E子。両

親は知人の紹介で結婚。結婚十五年目。核家族。都市型のマンションに入居。
生育歴、性格傾向：出生時、発達上特記する点はなし。幼稚園のころから、集団で遊ぶことをいやがるところがあった。一方、自分の興味のあることにはこだわり、頑固である。忍耐力がない。
来談経緯：母親が相談室を調べて来室。
面接構造・面接契約：父母面接四回・母親面接五回（筆者担当）、子面接九回（ほかの相談員担当）で終了。約四ヵ月間、二週間に一度の割り合いでおこなった。子面接は夏休みに集中しておこなった。

面接経過

・初回面接（母親）
E子は中学一年五月中旬から朝起きられず、腹痛や頭痛などを訴え学校を休むようになる。朝グズグズしているE子に母親はイライラし、つい怒鳴ったり叩いたりしていた。E子が一日中家にいると息苦しくなった。毎日登校をいやがる娘にどうかかわったらいいか知りたいと思い、来所。

母親は小柄で整った容姿。話し方にむだがなく、知的な印象。「身体的な症状がなくなるようにいまは一時休息させ、その後、再登校へとつなげていけるようにしましょう」とアドバイスする。
・第二回面接（母親）
面接に父やE子にも参加してもらうよう要請。

E子には幼少のころからすべて好きなように自分で決めさせてきた。子育ては母親一人で担当し、夫は仕事が忙しいと言って協力してくれなかった。子どものことで困ったときは自分の母親に相談してきた。

母方祖母は、家が近いということもあり、週に一度は必ずE家を訪ねていた。母親は、祖母が来ると気持ちが楽になり、ただそばにいてくれるだけで気持ち的に子育ても家事もすべて負担が軽くなったと語る。

・第三回面接（父母）

父親は、「E子が学校に行きたくなければ行かなくていいし、行きたくなるまで待とうと思っている。いまの学校を辞めたければ辞めてもいいし、公立に移りたければ移ればいい。いままでなにごとにおいてもE子の気持ちをまず尊重し、好き嫌いのままに自由にさせてきた。しかしそのことが、学校に行くか休むかも本人の自由であると思わせることになってしまったのではないか」など悩んでいる様子。

また母親は、「E子の考え方を受け入れることがどうしてもできない」と話すので、「親子といえども感じ方や考え方がそれぞれ違う人格を持った人間」と、心理教育的なはたらきかけをおこなった。

E子は登校に関する刺激がなくなったことで、腹痛などの症状もなくなり、情緒面でも落ち着いてきた。

・第四回面接（父母とE子）

父母とE子三人で来所。E子は中学一年生としては大人びた印象で、知的だが繊細でもろい部分が見受けられる。父母の面接とE子の面接は別室でおこなった。

母親から、最近はE子の考え方の違いも受け入れられるようになり、イライラしなくなってきたことが報告された。

一方、母親の話には、ときどき、祖母（母親の実母）の存在が見え隠れしていた。E子の子育てについても、わからなくなると母親はよく祖母に電話をしたり、父親の不在時に祖母が自宅に遊びに来たりしていた。

父親は、自分は子育てに関心がないわけではなく、時間があればかかわりたいと思っていたが、いつも母親が祖母と二人で子どものことを決めていることが多いので、口を出せなかったと述べた。母親にとっては自分と実母と娘が「家族」であり、夫の存在はなかった。一方、父親は家庭では孤立し、孫に会いたがっている自分の母が妻の母親とは違って孫に会えないことをずっと不憫に思っていた。

二人とも実母からの心理的自立が確立されておらず、短気で、なにごとにもすぐに結論を求める傾向がある。似た者夫婦でありながら、夫婦のコミュニケーションは希薄で、それぞれが孤立している。

父母にE家の家族を確認させ、夫婦関係を強化し祖母から自立することをテーマとした。さらに、両親が子どもの再登校という問題解決に対し、共通の認識がもてるようはたらきかけ、夫婦が協力体制をつくることと家族内ルールを再構築することを課題とした。

・第五、六回面接（父母）

父親はふだん仕事が忙しく家をあけている負い目から、子どもの機嫌をとり、子どもの機嫌がいいことが、ひいては父親自身がいちばん居心地がいいと語る。

一方母親は、子どもとかかわること自体がわずらわしく、子どもといつも意見がぶつかることに疲れ、かかわらないですめばなるべくかかわらないでいたいと心境を話す。

子どもが遊びに出かけるときなどの門限などの家族ルールもほとんどない状態。遊びに行って帰りが遅くなると言うと、母親は文句を言うが結局はうやむやになる。文句を言ったことによって心から賛成してOKしたわけではないので、E子の思いどおりにことを運ばせているという自覚はないと語る。しかし実態としては、文句をつけただけで、結果としてはことの主導権は百パーセントE子が握っている。

食事はテレビが中心。しかも番組はいつも子どもの見たいものになっている。一生懸命作った食事なのに、みんなそれぞれがテレビと食べているという感じで、自分は家族と一緒に食事をしているという気持ちにはなれないと母親は語る。

きっぱりと行動したほうが効果があるので、家族のルールとして今日から食事中のテレビはつけないと宣言することをアドバイスする。

家族生活の改善に具体的に取り組み、生活での主導権と決定権を父親が握るようにはたらきかけた。それによって、私は家族のパワー関係の改善も期待した。

E子の面接は夏休みを利用し、一週間に一度おこなった。E子から、学校で友達関係がうまくいかないこと、毎日の宿題が多く寝る時間が夜中の二時三時になり、心身ともに負担が大きいこと、しかしできればいまの学校に戻りたいことなどが語られた。本人の了解を得てE子の気持ちを父母に伝えたところ、はじめて聞く子どもの心情に父母はショックを受けていた。

・第七回面接（母）

母親は最近、夫が相談相手になってくれるようになったと語った。また父親は面接のなかで、私と確認した課題に妻と協力して取り組んでいると報告。

前回の面接で課題とした食事の形態については、父親が毅然とした態度で「食事のときはテレビを見ないことにする」と家庭内で宣言。E子は最初ふてくされていたが、平日の母子二人だけの食事のさいも、お父さんとの約束だからと徹底したところ、親が気にしていたほどもめなかった。最近では、E子自身が食事のときにいろいろな話をするようになり、家族三人での会話がとても増えた。

私は、E家の家族生活、家族のパワー関係の好転を実感したうえで、二学期の始業式にE子を再登校させることで両親ともに気持ちが共通していることを確認した。

E子も再登校を望んでいること、父がE子に再登校をさせる責任を自覚していること、E子の社会性や協調性を育むにはどうしても学校という集団の場が不可欠であること、再登校させるタイミングとして、二学期の始業式を逃してしまうと次の機会が数ヵ月先になり再登校がむずかしくなる二次的要因が増えることなどから、両親に再登校へのゴーサインを出す。

再登校に取り組むさいには、多大な精神的身体的消耗をともなうことを覚悟し、行動化することの必要性を話した。そして言葉かけは、「さあ、今日からお父さんと一緒に学校に行くぞ」だけにとどめることにした。

九月一日、父親から、学校に行かせようとしたが無理だった、あきらめたと落胆した声で電話が入る。最後はトイレに閉じこもって抵抗したという。言葉のシャワーで説得しようとすると、必ずといっていいほど言い争いになり、結局は言葉の暴力の応酬になる。あきらめたのは本人ではなく、親である。取り組んださい、ぎっくり腰になった親もいた。そのぐらいエネルギーを消耗する。再度取り組むようアドバイス。

九月二日、父親から「やりました！」と喜びに満ちた電話を受けとった。その日、E子は特別変わった様子もなく帰宅。

二日目、ぐずるE子に、父親は毅然として「親としてE子を学校に行かせる義務がある！」と言いきったところ、ふてくされた態度を見せながらも遅刻することなしに登校。

三日目の朝、E子は「もういいよ！　自分一人で行くから！」と父親よりも先に登校。

・第八回、第九回面接（母親）

E子は学校でときどき、お腹が痛いとか頭が痛いなどと担任の先生に訴えることがあり、そのつど先生は「帰る？　保健室行く？　好きにしていいよ」と言う。本人が体調不良を訴えてきたときは、「保健室に行きなさい」というひと言だけでいいと伝えてもらう。

一方、再登校後、初のE子の面接では「久しぶりに学校に行ってみんなと話をすることができて意外と楽しかった。不安に思っていたが、行ってみたら普通に過ごすことができた」と語った。

その後は、継続登校が続くようフォローアップし、終結。

ケースの考察

E子の事例から何が見えてくるかを振り返ってみましょう。

・世代から世代へ受け継がれる子育て

親が子をどう育てていくかは、その親自身がどう育てられてきたかに影響を受けます。子育てとは、世代から世代に自然と伝授されていくものです。親から受けた子育て法を自然に使うときもあれば、親の子育てに共感できず、子育ての見直しをするときもあります。

E子の母親は祖母（実母）と心理的に依存し合う関係になっていました。祖父は企業戦士として働き、家庭は祖母に任せたままで、家庭での祖父の存在感はほとんどありませんでした。それゆえ、祖母の話し相手はつねに母親であり、母子は心理的に密着していきました。

一方、E子の父親も同じようなサラリーマン家庭に育ちました。自分が父親から怒られた記憶もなく、母（祖母）は父と子どもたちのために自分の人生をかけてきたいわゆる良妻賢母だったと語っています。家庭での父親のモデルは祖父でしたが、それはあまり存在感のないものでした。父親の育った家庭の様相がそのまま世代を超えて受け継がれていたのです。

・家族の役割

一般的に、親子はコミュニケーションがふんだんにあることが理想的関係とされています。

E子の母は日常生活での日々の話や子どものことを相談したかったのですが、父親は仕事で帰りが遅く、土日、家にいても疲れて寝ているため、結果的にE子になんでも話していました。そして、いつしかＥ子は母親の夫役割を担っていったのです。一方母親は、Ｅ子に関する相談は祖母にしていました。祖母もまた、相談を受けることで夫役割を果たし、同時に自己の存在を確認し、孫のこと娘のことが生きがいになっていました。

思春期から大人になるとは、自我を育て自立する作業、最終的には父親や母親からの心理的・経済的な別れの作業です。いま、この親との別れ、もしくは子どもとの別れができない親子がひじょうに多く見られます。親がいつまでも子どものことをかかえ込んでいると、子どもが親に依存して相互的に依存関係になっていきます。まして思春期以降の子どもは、ある意味で家族構成員の役割不足を補う能力があるため、父親の存在の希薄な家庭では、父親役割、夫役割を補っている子どもは少なくありません。そのため、とくに母親との心理的な別れの作業が進まないのです。

Ｅ家でも父親の存在は希薄で、物事を決定するという父親役割を子どもが補い、祖母や子どもが心理的に自立できていない母親の夫役割をしていたといえるでしょう。

父の父親としての役割、母の母親としての役割、双方が子どもの成長には必要です。家族構成員がそれぞれの役割を担っていくことは家族の健全な成長につながります。Ｅ家の父親は、職場で中間管理職という責任あるポストにいましたが、子どもを立ち直らせるためには、親としての役割に覚悟をもって取り組まなければならないと決断し、職場でも上司や仲間にすべてを話したうえで協力を仰ぎました。父の父親役割を実行する決断と努力が、今回の問題解決に大きく功を奏したといえるでしょう。

親が本来の親役割を担うということは、義務と責任を果たすという意味だけでなく、子どもが本来の子どもの位置に降りることができるという点においても、とても重要です。あるときには、親に甘えるという本来の安心感を得ることもでき、一方では、家族の規範に規制されながら、忍耐力やがまんすることを学ぶことにもなります。

・自由の病理性

E子の両親はつねに、「自由にしていい」とE子を育ててきました。

子育てで、子どもを束縛しないことはよしとされる傾向があります。子どもを自由に育てると、おおらかな性格になるとか、のびのびしたいい子になるなどと昔からよく耳にします。しかし、E子はその一見響きのいい「自由」という束縛のなかで、小さいときから日常生活においてあらゆる判断を課せられ、決断し、行動しなければなりませんでした。

親は子どもに自由にのびのびさせることと、子どもにすべての主権を明け渡し、親が背負わなければならない責任を回避することをはき違えています。ここから先は子どもの自由にはならない、という親の責任の範囲設定がなされていないのです。

E子は、あらゆることの決断をしながら家をまとめる役割を担ってきました。しかし、そのことは判断力のまだ培われていない子どもとしては負担が大きかったにちがいありません。同時につねに自分の欲求や主張がとおることを学習していくことにもなりかねません。結果としてE子は無意識のまま、家族を思いどおりにコントロールしていたのです。

これはE家にかぎったことではなく、最近の親たちに共通する傾向です。親は、子どもになるべく自由にさせ、子ども自身にいろいろと判断させ主権を与えようとします。子どもの権利主張が重要視される昨今ですが、子どもの権利、個を認めるという裏には、必ず責任がともなわなければなりません。

・家族ルールのすすめ

子どもというのは本来わがままなものです。それを、根気よくしつけていくことが子育てなのです。子育ては親の忍耐力にもかかわります。子どもに「ノー」をいうことはひじょうにエネルギーのいることです。子どもはつねに自分の欲のままにさまざまな要求をしてきます。その要求は思春期以降ますます増してきます。そのつど、親はその欲を受け入れていいかどうか、またどのくらい受け入れていいかなどを考えます。

私がある学校の講師に招かれたさい、「あなたの家には家族ルールがありますか?」と問いかけたところ、「ある」と答えた親は五十人中ゼロでした。かろうじて「門限が決まっている」と答えた親が三人。反対に「ルールはなく、子どもの自主性に任せている」「ほとんど決まっていない」と答えた親が四十人近くもいました。

これには、加熱した私立中学志向の影響もあります。塾は子どもたちの生活の一部になっていて、塾にかよいはじめる学年も年々下がっています。高学年になるにしたがって、塾での授業時間は遅くなり、高学年では夜九時十時まで塾にいることが珍しくありません。

自分自身の自我が未発達な親たちが、子どもの高学歴を無意識のうちに自分のステータスにしようとしていることも最近よく見かける光景です。一方子どもは、親の期待のなかでご機嫌をとってもらい、気遣われながら育てられ、家族内でいつしかいちばん主権を握る存在となっていきます。

そこに存在した家族ルールは、くしくも「塾が優先される」というルールなのです。

塾への送り迎えも両親が一手に引き受け、なによりも子どものことが優先されます。夫が駅から迎えに来てほしいと電話しても、子どもの送り迎えを優先する家庭も多いでしょう。

本来、子どもは日々の生活のなかで自分でできる最低限のことをその年齢に沿ってクリアし、生活自立能力をつけていくものです。自分で起きる。自分で身じたくをし、自分の足で学校にかよう。そんな最低限の生活自立ができていない子どもたちがあふれています。基本的な生活自立が身についていない子どもが、何を基礎として心理的自立を培っていけるのでしょうか。

E子はなんでも物事の判断や決定を自分でしてきましたが、それに反して生活自立は遅れていました。今回、父親は目覚まし時計をE子に与え、自分で起きることを言い渡し、母親の日課になっていた朝夕の最寄り駅までの送り迎えもやめることを、妻とE子に話しました。

家族が問題をかかえている場合、食事の形態にも問題が見えてきます。食事というのはとても重要な儀式です。家族がそろって食事をしているか、テレビを消して食事をするか、見ながら食事をするか、家族それぞれが座る位置や、食器の配膳、片づけなど、そこにはさまざまな家族関係の縮図が見られます。

E家の場合、家族がそろって食事をすることは土日しかありませんでした。しかも、テレビが食事の中心になっていて、もっぱら食事のときの番組は子どもの見たいものとなっていたのです。親も見たい番組がありますが、親はがまんすることを体得しています。また、子どもに「ノー」を言って、せっかくの食事が子どもの不機嫌からまずくなることを避けたかったのです。

親は、言葉でどうにか子どもを説得しようと試みるものです。しかし、E家の食事の体制を変化させるときにも見られたように、考えるよりも実生活のなかで行動をもって変化をもたらそうとすると、意外と効果は大きいものです。

こまかいことではありますが、食事のとき、父親にいちばんいい席を、そして配膳は父親のものを子どもにいちばんに配膳させるなど、日々の父親へのこまかい気遣いが、父親の家族内での位置を向上させることになります。

E家では、父親がいままで放棄していた主導権や決定権をE子から取り戻し、夫婦関係を強化しながら、E家のルールを決定し実行しました。門限や食事の形態をはじめとして、生活全般のこまかい見直し作業を根気よくおこないました。一方母親も、夫が仕事から帰宅するときは真っ先に出迎え、朝は夫を見送ることなど、こまかいことから行動の変化を積み重ねていきました。その結果E子は、「家をまとめるという役割」から解放され、本来の子どもの役まで降りることができました。

・夫婦関係の強化

昔から、子育ては祖父母がサポートするものという認識が広く残っています。しかし、このことが本来の家族の認識を曖昧にし、親という責任から逃れる構図を形成するのです。また、心理的に祖父母からの自立を遅らせることにもなり、祖父母にとってもいつまでも子や孫にしがみつく構図となります。子育ての終わった五十から六十歳代以降はわが子を親にするために、祖父母の新たな人生の組み立てをする必要もあるでしょう。

夫婦と祖父母の共同子育ては一見、核家族よりも理想的な印象をもちますが、子にとっては、誰が父で誰が母なのかが定まらないことになります。

E家でも、母親が祖母と子育てをしていくなかでつねに母自身が子どもになり、それによって母親自身の心理的自立ができませんでした。しかし、父親と母親とで真剣に問題を直視し、解決という共通の目標に向かって夫婦同盟を強化し、生活全般を変えることで再登校を成功させました。再登校を成功させた体験が結果としてさらにE家の家族機能を高め、今後も機能の向上を促していくのです。

・考えるよりも行動する

面接の初期で、E家の知的レベルが高いことが観察されたため、私は心理教育的はたらきかけをおこないました。しかし、「気づき」は大きいのですが、一方では行動に移していくことが苦手という特徴をもっていました。そのため、私は両親に親役割としての責任をともなった決断と行動の重要性を説き、その結果、「再登校させる」という両親の行動化がE子を動かすことにつながったのです。

最後に

カウンセリングを終結してから二カ月ほどたったある日、母親とE子が突然、相談室にやってきました。母親は、「私も仕事を始め、夫も相変わらず忙しくしていますが、毎日夫婦でいろいろな話をすることが楽しみになりました。休日には夫と二人で時間を過ごすことが多くなりました」と語り、E子は「不登校をしていたことが遠い昔のような気がします。いまは毎日、不思議なくらい楽しく登校しています」と話しました。また、母親が仕事を始めて生活が変化したため、祖母は祖父と一緒に地域のコミュニティーに参加し、夫婦で時間を共有するようになったと語りました。

母親とE子を見送りながら、E子が今後、学校という集団のなかでおおいにもまれながら、社会性を身につけ、たくましく成長していくようにと心からエールを送りました。

6　体験事例から見えてくること

以上五編の手記をご紹介しました。一番目の「水を得た魚のように」は、中二のA男が登校できるようになるまでの経験をお父さんがまとめたものです。幼稚園時に始まる不登校のきっかけはまさに当事者でなければ語れない内容です。「休むための口実はなんでもよかった」とA男が語ったそうですが、それは正直な思いでしょう。彼は適応指導教室でも孤独と焦りを感じ、友達といたいと思いながらも心身の不調に悩まされつづけるのです。そして高校入学後も、再度登校できなくなり、自己嫌悪におちいっていきました。その状態から救い上げたのは父親の毅然とした態度でした。A男君は、父親の勇気を得て回復していきました。

「お父さんに「ありがとう」って言いたい」は小三のB男君の不登校を両親で解決した事例です。家族が妹の病死から立ち上がるきっかけともなったB男君の不登校の解決のプロセス、その手記の最後で母親が「(なりふりかまわず不登校を解決すること)本当にそれが私たちがしてやれることだ」と語っているところがひじょうに印象に残ります。妹を失った悲しさは簡単にはなくならないでしょう。家族の苦悩は今後ともに続くでしょう。しかし両親は、B男君の将来の可能性を閉じることを未然に防ぐことはできました。彼は現在、ランドセルを放り投げて遊びに出かけています。

「それは次女が中一のときに始まった」は三人の子どもの不登校を父親と一緒に解決した母親の壮絶な手記です。もう絶対に行かないと言うC子さんを両親は渾身の力で車に乗せて学校に連れていきました。当然に両親には迷いがありました。以前のように保健室の登校でもいいではないか、学校に行かなくてもいいのではないか。両親が決心を固めたのは、親の亡きあとに誰がこの子らの生活の面倒を見るか、という一点でした。親が解決をしておかないと子らに負担がいく、この点に両親は解決の意志を固めたのです。現在、長女は大学へ、次女C子さんは高校へと進学し、長男は中学校でがんばっています。

四番目は援助者の手記で、「子どもの不登校に迅速に対応した父親」です。手記を書いた執行さんは私が説く対応方法を約二年間学んでいたとはいえ、まだ援助者としては経験不足であることは否めません。それでも一途な両親の思いに一人の人間として心を動かされ、懸命に両親を支えてきました。父親は「おねえちゃんだけずるい」と言う弟らの言葉に親として危機感をいだき、D子さんの不登校の問題を解決しようと決心したそうです。母親は振り返って、夫婦が真剣に取り組んだ体験は、今回のD子の不登校が最初だったと語っています。

最後の手記「家族の問題としての不登校」の後藤弘美さんは、臨床歴が五年の中堅どころのカウンセラーです。専門家らしい事例の書き方に、読みながらとまどわれる方もおいでかもしれません。しかし一方で安心感をいだくかもしれません。いずれにせよ、不登校を解決できる援助者が育っているという事実は、読者にとって希望になることでしょう。両親はリベラルな考え方で子育てをしていました。自由と平等をモットーにE子の気持ちを最大限に尊重するという考えをもっていました。そうした家庭環境にあってE子は神経症状から登校できなくなったのです。私は近年、このような不登校がとても増えていると感じています。友達親子で親と子の関係がボーダーレスになっています。まとめで後藤さんが「自由の病理性」と表現していますが、そのことがヒントになることでしょう。

以上の五編の事例のうち、ここでA男君の事例をもとに心身の不調と不登校の関係を詳しく振り返ってみます。

心身の不調と不登校の関係

A男君は断続的な不登校から保健室登校そして適応指導教室へ登校をしていました。高校へは行ったものの、登校できない状態にありました。彼は幼稚園のころからさまざまな理不尽な経験をしてきています。この場合は一般的には長期の引きこもりに移行しやすいものです。しかしA男君は両親の支えがあって長期の不登校にならずにすんできています。それは彼の人柄と、温かい理解で支えてくれた周囲があればこそです。

ひるがえってA男君の心身の不調の意味を考えてみましょう。一般的にはA男君は登校というストレスに耐えられないから、心身が不調になっているとみるでしょう。ところが、父親が毅然とした態度で登校を促すと、むしろ心身の不調は軽減しています。つまり、A男君の心身の不調は登校というストレスからくるものではなく、むしろ登校か休むかどちらかに決定できない彼自身の迷いが心身に影響を与えていると考えられます。だから、父親が登校を決定して学校に送り出すと彼の迷いが消え、心身の不調が軽減して登校できたと思われます。

そのプロセスでA男君は体験したかもしれません。その迷いを父親が理解してくれたと感じたかもしれません。父親はA男が決定していいのだと父親自身の行動で教えてくれた、とA男君は感じたかもしれません。決定にともなう責任を引き受ける父親の後ろ姿を見ることで、A男君も自分が責任を引き受けて大人になる勇気を得たにちがいありません。そのことで、A男君は大人として大きな一歩を踏み出したのではないでしょうか。「おやじの言葉に少し怖くなったけど勇気がわいた」とA男君は言ったそうですが、このことを如実に物語っているといえるのではないでしょうか。

のちの章でふれますが、保健室などの登校をしている子どもたちに共通に観察される点は、やさしい性格をもっている点です。また、完璧なまでのやさしさを追求している子も少なくありません。しかしやさしさがなによりも優先されると、ものごとの決定ができなくなり、解決が先送りにされる弊害が出てきます。なぜならば、決定するということは、必ずリスクをともなうからです。人を傷つけることはしたくない、とA男君は強く思っていたのでしょう。なぜなら彼はたくさん傷ついてきた経験をもっているからです。

「人は傷つけたくないが、決定しないと先に進めない」というジレンマに彼はおちいっていたのです。つまり父親は不登校を解決したのではなく、解決のプロセスでA男君のジレンマに終止符を打ったのです。それが結果的に不登校の解決になった、そのように理解することができます。

A男君の例から現代の不登校の解決について両親が果たす役割を述べましたが、読者はどのように思われたでしょうか。実際に会ってみると、彼はたいへんにチャーミングな青年です。彼のそばにいくと、誰もがやさしい純粋な気持ちになります。両親もA男君と同様に、大変に純粋でやさしい面をもっています。そばにいるだけで周囲を幸せにする人びとなのです。またA男一家を支えた学校関係者も真剣にA男君のためにできることを考え、そして懸命に努力していました。それは事実です。私は本人と両親と、学校や援助の関係者を知っていますが、それぞれが真剣で懸命にA男君の不登校の問題にかかわっていました。

ところが、関係とは不思議なものです。よかれと思う関係が、必ずしもよく作用するとはかぎりません。A男君の場合は本人も母親も学校・援助関係者もみんな真剣で懸命でしたが、不登校の問題の改善には有効にはたらきませんでした。やさしさが充満してしまって、誰も決定できなくなっていたのです。その関係性に気づいたのが父親で、父親は積極的に筆者との面接に参加して具体的な生活の変化を実行していきました。

人生にむだなことは何もないでしょう。A男君のいじめられ経験も、母親の悲しみの経験も、学校関係者との関係もすべてがA男とA家の将来の役に立つでしょう。ただし、それはあくまでもA男が可能性を閉じないで保っていたという前提があってのことです。はっきり言えば、登校を開始したから、A男君は過去の経験を役立てることができるのです。つまり、彼が大人として成長していくときに過去の経験が役に立つのであって、大人としての成長をあきらめたらば、過去の経験は、逆にあきらめの原因になってしまうのです。A男君の父は彼の再登校を実現したばかりか、彼の過去を肯定し、成功の体験をA家にもたらしたといえましょう。

不登校解決に必要なこと

さて、ここでお断りしておく必要があるでしょう。これまでの五編の手記のなかで本著が解決の対象とする不登校の事例は2のB男君、4のD子さん、5のE子さんの事例になります。残念ながら1のA男君と3のC子さんの不登校は本著の対象とはなりません。それでもなぜ載せたのかというと、それぞれの事例の展開は、A男君の父親とC子さんの母親の特異な人柄が引き起こした奇跡だからです。たしかに偶然に、よき理解者である精神科医師や心理士に恵まれました。また家族もひじょうに協力的で、学校側も惜しみなく協力してくれています。A男君やC子さんの自我の強さも成功を可能にしました。A男君の父親とC子さんの母親のまれに見る努力のたまものですが、偶然に幸運が重なったと私はみています。

読者のなかで第二のA男君、第三のC子さんのような解決をめざす家族もおいでのことでしょう。そのさい、注意していただきたい点は、いい精神科医師や理解ある心理士を見つけてほしいという点と、家族や学校との協調関係を構築してほしいという点です。そしてまず、自分の子どもがどのような不登校の状態にあり、どのような生活をしているか、さまざまな関係者から情報を得て判断してほしいのです。

第3章　現代の不登校の六類型と援助の方法

さてこれから、本著の主題である現代の不登校の類型を説明していきましょう。この章では現代の不登校のかたちを詳述します。私は、現代の不登校は六の型があると考えています。ここではさまざまなタイプの不登校の子どもたちの生活をみていきます。明るい不登校、新しい不登校と一般的に呼ばれている近年の不登校は、ここでは在宅解放型・非在宅校内型・非在宅校外型と分類しています。子どもたちの生活の差異を詳しく述べていますが、その目的は援助を適切におこなうためです。現代の不登校は多様な形態があり、それぞれの形態に即した援助の方法があるはずです。前著『不登校と父親の役割』で著したとおり、私は現代の不登校は六つの型があると考えています。「医療型」「在宅自閉型」「在宅解放型」「非在宅校内型」「非在宅校外型」「非行犯罪型」がその六つです。そこで、まずここでは多くの事例を紹介しながら、特徴となる子の状態と家族の状態を示し、類型を詳しく説明したうえで、それぞれの援助の方法を述べるというスタイルをとります。まとめとして現代の不登校の六型と援助の総括をおこないます。

1　医療型の不登校

かつてほとんどの不登校は、精神科医療の対象とされていました。疫学の対象として入院のうえ、薬物の治療が施されてきました。一九八〇年代までそうだったのです。現在、この、精神医療の必要な不登校の児童生徒の数は、不登校全体の一割前後だと私はみています。不登校全体の児童生徒の数が増えているのに比べ、薬物治療対象の数は、以前とそう変わらない水準のままである、と認識しています。

現在の医療型の不登校をみていくと、妄想などの精神症状や強迫などの神経症状という旧来の医療型モデル以外に、人格障害や心身症のように行動と心、心と身体の統合に問題が生じて不登校になっている新しいタイプの登場に気づきます。私は旧来の医療型モデルより新しい医療型モデルの子どもたちに多くかかわった経験があります。まずは事例からご紹介していきましょう。

医療型の事例

・小六のF男は私立中学の受験をめざしていたが、二学期から急に成績が下がった。授業中に、「教室の天井から首吊り用のロープが降りてくる、床には動物の死骸が散らばっている」と叫んでF男は机の下にかくれた。教師が保健室に連れていこうとすると、F男は震えながら教師にしがみついた。F男の症状は半月ほど前から家庭内でも見られ、「学校が怖い」と母親に訴えていた。夜も眠れない様子で食欲もなかった。

・中二のG男は、自宅の浴室で頭髪と顔をハサミで切り落とそうとした。G男は「頭髪と顔が人に不快な思いをさせている」と母親に訴えた。三カ月前にG男は妹の雛人形の首をひねり、それを止めようとした家族に暴力をふるった。家族の悲鳴を聞いた近所の住民からの通報で警察官がG男宅へかけつけた。G男はそれ以後、自室に閉じこもった。そして「誰かがG男の噂をしている」と母親に訴えた。

・中3のH男は、「父親がCDにさわった、バイ菌がついたから消毒しろ」と深夜叫び、母親に消毒液を買いに行かせた。さらにH男は母親に部屋中を消毒綿で清拭させた。そして二度と父親が入室しないように鍵を新たにとりつけ、寝ずに監視した。当然に登校することはできなくなった。トイレのドアはゴムの手袋を使用して開閉し、トイレの使用後は何度も手と足を洗った。そのため手と足の皮膚は赤くただれ、血がにじんだ。生活そのものが苦痛になりH男の希望で入院となった。

・中一のI男は小学校から断続的な不登校があった。I男は友達ができにくかった。人との関係でささいなことが気になり、被害的に解釈してしまう傾向がI男にはあった。そのため学校は休みがちだった。中一の二学期、久しぶりに登校した日の放課後にI男はクラスの男子生徒から掃除のしかたを冷やかされた。その晩、I男は腹痛を訴え下血し、翌朝は吐血した。もともと原因不明の出血の傾向があった。

・小四のF子は腹痛を訴え登校をしぶりだした。母親は担任に相談した。担任は班分けで友達との関係にトラブルが生じている可能性があると母親に話した。もともと線の細い子でストレスに弱い傾向があった。担任の配慮もありF子は登校を続けていたが、半月後、授業中に突然に激しい腹痛を訴えトイレに駆け込んだ。F子は下血した。緊急に内視鏡の検査が実施された。結果は大腸に多数の潰瘍が発見された。

・中三のJ男は登校時間になると唾液が多量に出て、ティッシュペーパーの箱が離せなくなった。もともと便が柔らかい傾向があったが、数日前にJ男は排便に失敗し下着をよごした。その後に唾液が止まらなくなり登校できなくなった。J男は有名私立高校の受験を控えていた。食欲もなく不眠がちだった。

・小六のK男は「気持ち悪い」と登校をいやがった。K男は頭痛を訴え朝食を嘔吐した。また二段ベッドの上段から降りることができなくなった。好きな絵も描けなくなった。顔の表情が変化し、体の動きもぎこちなくなった。検査の結果、脳腫瘍が発見された。

・中一のG子は「だるい」と訴え登校をいやがった。数日後も訴えは変わらず母親は病院へG子を連れていった。結果、血液のガンを患っていたことが判明した。

・小五のL男は授業に集中できず、担任から強く叱られた。授業内容もほとんど理解できず、そのせいか「登校がいやだ」と泣いて訴えた。家ではゴロゴロしていることが多くボーッとした状態でテレビを見ていて、内容も把握できていない様子だった。友達との交流もとだえて、心配した母親はL男を病院へ連れていった。診断の結果は、L男の脳内に水がたまっているのが発見された。

・中三のH子は極度にやせて、頭髪も抜け落ちて地肌がすける状態だった。かねてからH子は給食の時間が苦痛だと学校を早退していたが、自宅でもほとんど食事はとっていなかった。というより、食べた物のほとんどはトイレで吐いて流していた。それはH子の秘密で、吐いていることを家族は知らなかった。その後、H子は立ち上がる体力もなくなって入院した。診断は拒食症だった。

・中一のI子は急に給食を食べなくなり、授業中も呆然としていた。夜になると母親にしがみつき、眠ることができなくなった。しだいに遅刻が増えて欠席がちになった。級友とも雑談しなくなり、クラス内で孤立していった。そのようなある日、I子は深夜に手首切傷をおこない救急病院に搬送された。病院でI子は性虐待を受けていたことを訴えた。

・小五のJ子は自室で首つり自殺をはかった。未遂に終わったが、J子の意識不明の状態は数時間におよんだ。意識が回復したあと、J子は自殺しようと企図したことを記憶していなかった。自殺の理由も、J子はわからなかった。その後、登校できなくなった。

・小四のN男は夜尿が続いていた。日中に尿を漏らすことも続いていた。もともと膀胱の尿の保有量が少なく、N男は大学病院の指導で尿をためる訓練をしていた。ある日、N男は授業中に尿を漏らしてしまった。担任の適切なはからいでクラス内では知られずにすんだ。しかし、N男自身が気にして、次の日から登校できなくなった。

・小五のO男は少年野球の選手だった。父親はコーチをしていた。その父親に試合中にひどく怒鳴られた。帰宅後、O男は上体をピクピクさせ、アッアッと声を出していた。その様子を見た父親は、「変なことをするな」とO男に怒鳴った。翌日、O男のチックはさらに激しくなって、上体を大きく動かして小刻みに大声をあげた。学校では授業内容にも集中できない様子で、心配した担任は病院に行くように母親に促した。病院では安定剤が処方された。その日を境にO男は登校できなくなった。

・小五のK子は爪嚙みと抜き毛の癖があった。授業中に指を口に入れるため、K子の指先はつねにおっていた。そのためか友達ができにくかった。また家ではテレビを見ながら髪の毛を抜く癖があった。K子の後頭部は円形状に皮膚が露出していた。しだいに「臭い」「はげ」と学校でいじめられるようになり、不登校になった。

・小四のP男は肥満体だった。スポーツが不得意で性格も内向的だった。逆にテレビゲームが得意で成績はよかった。偏食傾向が顕著だった。P男が登校をしぶりだしたのは運動会の翌日からだった。クラス対抗のリレーでP男のチームは最下位になった。P男は次々に後続の選手に追い抜かれた。P男はふさぎこみ家に閉じこもった。

・小二のL子は入学当初から場面緘黙（ある特定の場面で口をきかない）だった。学校ではひと言も話さなかった、しかし自宅では家族と話をしていた。ある日、偶然にL子が母親と話をしている現場を同級生に見つけられた。翌日、クラス内でそのことが噂になった。L子は登校をしぶりだし、数日後は布団から出ず登校を拒否した。

・小三のQ男は、話しはじめることが困難だった。声がつまって言葉が出にくかった。Q男の父親も少年時代は同じような傾向があった。Q男が登校しぶりを開始したのは、Q男の話し方をまねた遊びがクラス内ではやったころからだった。その遊びを知った父親は激怒し、校長室に怒鳴りこんだ。その翌日からQ男は登校しなくなった。

医療型の類型

以上のように医療型の不登校は多種多様です。しかし概観すると、大きく四つの型があります。Ⅰ型は幻視や幻聴など精神症状を示している不登校、Ⅱ型は強迫症状など神経症状を示している不登校です。Ⅰ型とⅡ型は旧来からいわれている医療型の不登校です。一方、Ⅲ型とⅣ型は新しい医療型の不登校です。Ⅲ型は心身症状から不登校にいたっています。Ⅳ型はさまざまな人格上の問題や行為上の問題が見られる不登校で、まだ原因も究明されていなくて、治療方法も確立していません。このように、医療型といっても一括できませんが、全体的にはいくつかの共通点もあります。それらを①子どもの状態、②家族の状態として述べておきます。特徴となる状態像はほかの類型との差異を表していると考えています。

①子どもの状態

子は妄想などの精神症状があるか、強迫行動などの神経症状があるか、または人格上の障害や心身症など行動と心、身体と心の統合に問題があって不登校になっています。不登校になってからこれらの症状がはっきりする子もいます。症状が先に出てその後に不登校になる子もいます。子の特徴としては純粋で繊細、そして優しく傷つきやすい傾向が見られます。比較的に年齢が高く、長期の引きこもりから医療型の不登校に移行する事例も少なくありません。

②家族の状態

親密な家族が多く見られます。たいがいは両親がそろっていて、平均的な家族像です。家族の特徴は、純粋で繊細、傷つきやすく閉鎖的な傾向をもっています。どちらかというと社交的ではなく、対人関係には慎重です。親の多くは子どもを愛しており、子育てに熱心でした。そのために親は子の精神症状などにとまどい、焦燥感をつのらせ自信喪失状態になっています。深い自責の念をいだいている親も少なくありません。

以上は医療型の不登校の子どもと家族の全体像ですが、それぞれの型によって症状が異なり、対応方法も異なってきます。次にはそれぞれ型の説明をしましょう。

医療型

幻覚や妄想などの精神症状や対人不安などの神経症状など心の不統合の問題、心と身体、心と行動の不統合の問題をもっていて医学的な治療が必要な不登校。レベルによって四つのタイプに分類できる。

Ⅰ型	Ⅱ型	Ⅲ型	Ⅳ型
妄想・幻覚などの精神症状がある。入院・薬物療法が必要。	対人不安や強迫症状などの神経症状がある。薬物による治療が必要。	心身症など心と身体の不統合の問題がある。薬物の治療が必要。	行動と心の不統合の問題がある。自殺や拒食や自傷などの恐れがあり、薬物の治療が必要。

・医療型　Ⅰ型

F男、G男、H男がこのタイプで、幻聴や幻視、妄想などの精神症状が見られる不登校です。A男は幻視があり、被害妄想も出現しています。G男は醜貌恐怖症の傾向を示し、幻聴もあって、自傷する可能性もあるので入院となりました。H男は不潔恐怖症から生活困難となり、被害妄想の傾向もあって入院治療となりました。Ⅰ型は医療型のなかでもっとも慎重な取り組みが必要な不登校で、援助者は精神科の入院治療と並行しながら、家族を支えていくことが重要になります。

・医療型　Ⅱ型

Ⅰ男、J男、Ⅰ子、J子の例に見られるように、強迫症状などの神経症状を示している不登校です。Ⅱ型はⅠ型ほどではないのですが精神科医師と相談が必要です。精神的に不安定で原因不明の出血の傾向をもつⅠ男、排便に失敗したあとテッシュペーパーが離せないJ男、性虐待から手首切傷をしたⅠ子、自殺企図をしたJ子たちが該当します。妄想のような思考障害はありませんが、状況の変化によって不安定な精神状態になりやすく、それにともなって身体症状も併発してくる型です。Ⅱ型は精神科医療と小児科の連携のもとに、時間をかけながら段階的に学校に戻ることを、家族とともに検討していくことが必要となります。

・医療型　Ⅲ型

F子、H子の例で、心身症からの不登校です。Ⅲ型の不登校は周囲から誤解されやすく、また不登校であるために誤診されることもあります。腹痛や食欲の減退は、一般的に不登校の初期症状としてとらえられやすいのです。班替えから友達関係に悩まされて大腸に潰瘍ができたF子、給食の時間が苦痛と訴えた拒食症のH子らが該当します。この型の不登校は緊急の医療が必要な状態にあるにもかかわらず、一般的な不登校のイメージから誤解をされやすく、初期治療のチャンスを逃すことがあるので注意が必要です。内科や外科、小児科や小児精神科などとの連携が必要で、登校はあくまでも子の健康を回復してから検討を開始します。

・医療型　Ⅳ型

もともと医療型の不登校の範疇ではないのですが、かといって医療とは無縁ではなく、ほかの類型にも属さないのでⅣ型としました。近年の複雑な社会の世相を反映して増加しています。多種多様な症状があります。小児ガンのK男とG子、脳水腫のL男、常習夜尿と遺尿のN男、身体と音声チックを併発していたO男、爪噛みと抜き毛のK子、肥満のP男、場面緘黙のL子、吃音のQ男などが該当します。新生物による病気、病気と認定しない医療機関もある病気、どこで治療をしたらいいのかわからない病気などで不登校になっています。新しい医療型の不登校で児童精神科医師・臨床心理士・精神保健福祉士・内科医・ソーシャルワーカーとの連携が必要です。

医療型のまとめ

医療型は多種多様な型があり、すべてを分類することには無理がありますが、今回は旧態型の医療型モデルに、新しい医療型モデルを追加して四つの型にして提示しました。私はⅣ型がさらに細分化されると考えています。この類型に関して二点の検討課題があります。まず一点は、児童青年期の心の問題に対する統一した見立てがないという点です。自殺企図をしたJ子は当時、行為障害・乖離性障害・人格障害・鬱病と多数の診断名がつけられました。拒食症のH子も同様です。つまり現在は、児童青年期の心の問題に関してさまざまな立場のさまざまな見立てがあるのです。その群をどう類型化するかは、私の今後の課題です。二点目は、病欠と不登校を分けて集計する統計のしくみに関してです。文部科学省は現在も病欠と不登校は分けて統計を発表しています。病欠は、登校できていない状況であるにもかかわらず不登校と認定されていません。たとえば担任との関係で心身症になっても、不登校として登録されていない可能性があります。今回は心身症をⅢ型、そのほかの病気はⅣ型にしましたが、じつは私にも釈然としないものが残っています。今後の課題としたいと思います。

2　在宅自閉型の不登校

在宅自閉型には、受験の失敗から自室に引きこもる型、いじめなどがきっかけになって不登校の状態のまま家に引きこもる型、身近な人の喪失や両親の不和、きょうだい間の葛藤、親族の争いなど家族関係が起因して引きこもる型もあります。また心身の健康上の問題があるのですが、治療の対象というほどでもなく、結果として長期に登校していない型もあります。それらの複合型も見られます。起因や原因がはっきりとしないまま、長期に社会的に引きこもっている例も少なくありません。大半の引きこもりは、本人と家族が試行錯誤を繰り返したすえに、結果的に長期にわたって社会との接触をもっていなかった、ということになります。

まずは事例から話を進めましょう。

在宅自閉型の事例

・S男は高校受験で失敗して不登校になった。S男は入学した高校の生活になじめず登校する気力を失った。昼夜逆転の生活がはじまった。ゲームとビデオを見るだけの生活を送る。その生活に飽きたころ、通信制の高校に入学すると言い、S男は母親に入学金を納めさせた。しかし一回だけスクーリングに出かけたあと、S男は教科書を廃棄。スクーリングの会場が騒がしく、思い描いていたイメージとは異なったからだった。その後、S男は家族に対して暴力をふるうようになった。

・十六歳のT男は、小学校の四年時のいじめが原因で長期の引きこもりの生活になった。もっとも母親はそのように記憶していたが、T男は違う認識をしていた。T男は引っ越してきたいまの住居（社宅）になじめなかった。いちばんの問題は、転校先の担任と母親のトラブルだった。両者は互いを否定して非難し、T男は板挟みになった。そのうち母親は「登校するな」とT男に言った。中学も高校も行かず、母親とT男の二人の生活は九年になった。

・U男は中三。二年前に父親をガンで失った。自分と母親と弟が残された。U男は葬式のときに親戚から、「長男のおまえがお父さんにかわって家族を守るように」と何度も諭された。母親は父親のパジャマやズボンをU男に着せた。そして食卓の父親の席にU男を座らせ、夕食の献立の注文を聞いた。U男の不登校が始まったのは父親の一周忌を過ぎたころからだった。母親の干渉に激しく抵抗したあとに登校しなくなり、昼夜逆転の生活となった。母親とのいっさいの接触を嫌い、弟に対して暴力をふるった。

・M子は二十一歳。十年前、M子の家族は崩壊の危機にあった。両親は離婚にともなう財産の分与で争っていた。そのような家庭環境からM子は情緒不安定になって登校できなくなった。両親は離婚をあきらめた。しかし夫婦不和がそれで解決したわけでなかった。ののしりあいと暴力は毎日のよう繰り返された。母親もしだいに抑鬱状態になって、父親はアルコールに依存する傾向を強めていった。M子の兄は家庭内で暴力をふるっていた。きょうだいで社会的な引きこもりの状態を十年も続けている。

・V男は十九歳で閉じこもりの生活を送っている。V男のいとこも閉じこもって十年になる。ときどき、二人は電子メールのやりとりをする。幼いころに一緒に遊んだ記憶はあるものの、顔も思い出せないいとこを相手にV男はメールを打つ。そのような生活を六年間も続けている。もともと肥満傾向があったが、最近は完全に肥満体になった。肥満体を他人に見られるのが恥ずかしい。だから外出をしない。外出しないから運動不足になって太ってしまう。悪循環。それはV男もわかっている。学校に行きたいし勉強もしたい、学校がだめなら働いてもいいと思っている。しかしやせてからでないと始まらないと思っている。どうどうめぐりの生活を現在も送っている。

・小五のW男はアトピー性皮膚炎（以後、アトピーと略）があった。W男は四歳くらいで小児喘息の認定も受けていた。喘息の発作は薬でコントロールできていたが、アトピーはどのような治療方法も効果が長続きしなかった。手先と足首と首筋がとくにひどく、皮膚は紫色に変色し、ひび割れて血がにじんだ。かゆみは布団に入った直後に激しくなり、そのためになかなか寝つかれず、両親が交代で深夜までマッサージした。当然に常習の遅刻があり、しだいに登校できない日も増えて、小二の時点から長期の不登校になった。両親に連れられてW男が訪ねた治療機関は全国十数カ所、試した療法は二十を数えた。W男の生活は、学校へ行くことよりも友達と遊ぶことよりもアトピーの治療が優先された。結果として長期に登校していない状態だった。

・N子は十三歳、妹のO子は十一歳でその下のP子は九歳。三姉妹とも不登校でN子は五年、O子は三年、P子は一年在宅で生活していた。三姉妹はとても仲よく、母親とともに折り紙や編み物やクッキーを作って遊んでいた。しかし学校関係の人の訪問には極度の緊張を示し、担任はもとより、同級生であっても接触をもつことができなかった。三姉妹は深夜に近所のコンビニに買い物に出かけることを楽しみにしていた。唯一、父親が相談機関との接触をもてた。しかし三姉妹と母親は外部の介入を受け入れなかった。

・Q子は十三歳、弟X男は十歳、R子は八歳でQ子は不登校歴四年、X男は二年、妹R子は半年だった。三人は工作や絵を描くことが好きで、母親とともに料理して仲よく昼食をとることを楽しんでいた。四年前にQ子が不登校になったとき、父親はラジオの教育相談の番組で不登校の対応を聞き、母親に「刺激するな」と言った。母親は仕事を辞め、子どもたちが楽しく生活ができるように工夫した。しばらくすると、弟妹ともに、「Qちゃんだけずるい」と登校しなくなった。父親は責任を感じて相談を申し込んだ。そのころは三人とも学校との接触を嫌うようになっていた。

・十歳のY男の両親は離婚して三年になる。離婚までの調停に四年かかった。両親の不和はY男が生まれた直後からだった。Y男は両親の葛藤のなかで育った。不登校は入学してまもなく始まった。同級生との関係が築けなかった。Y男の母親に対するいやがらせが出たのは三カ月後だった。畳に放尿し、調味料を壁に投げつけた。布団は水浸しになり、母親の髪も引き抜かれた。母親は教育相談を申し込んだ。担当の相談員は母親が優しくないと指摘した。その口調は別れた夫のそれと似ていた。母親はショックを受けた。母親はY男をさらに悪い状態にすることで、夫や相談員に仕返ししようと決心した。そして、Y男を家に三年以上も閉じこめていた。

・Z男は十三歳。クラスで「臭い」と言われて不登校になった。Z男の両親は零細企業を経営していた。不況から経営は悪化していた。Z男には、障害をもって生まれた妹がいた。妹の世話はZ男の役割だった。おむつ交換と食事の世話。一度、妹はベッドから落ちてケガをした。そのことを父親からZ男は厳しく叱られた。それ以降、Z男は添い寝するようになった。クラス内で臭いという噂がたったのはそうした生活の末であった。Z男は登校しなくなり二年以上も家に閉じこもっていた。

在宅自閉型の類型

在宅で、外部との接触を嫌う不登校を、私は在宅自閉型と呼んでいます。一般的には「引きこもり」と呼ばれています。厚生労働省は引きこもりの概念を「六カ月以上自宅に引きこもり社会参加しない状態」と規定しています。二〇〇一年度の同省の発表では全国の引きこもりは六千件で、その六割が二十歳以上といいます。しかしながら一般的には、引きこもり人口は百万人から百五十万人といわれているのは周知のとおりです。

これまでの事例を症状から大きく分類すると、本人の性格傾向に特徴づけられる群、家族関係に特徴づけられる群、生活習慣に特徴づけられる群、学校教育や地域生活などに特徴づけられる群、心身の健康問題が起因していると思われる群、そのほかの群に分けられます。もう一方に、引きこもって一年以内、三年以内、三年以上という時間的な観点から特徴づけられる型があります。

事例からみてもおわかりのように、引きこもりの起因や要因と考えられる事柄は複雑でかつ重複しています。また、長期の閉じこもりだから重篤な不登校の状態であるとはかぎらず、短期でも深刻な引きこもり状態もあります。以下に在宅自閉型の不登校の子と家族の特徴となる状態像を分析したうえで、次に類型とともにその内容を記します。

①子どもの状態

私は「引きこもり」という表現を、一年以上の社会的な接触をもっていない不登校の状態、と考えて使っています。友達との接触も嫌いだし接近しない、担任が訪問しても部屋から出てこないという不登校の状態です。ゲームやテレビを見て過ごし、食事も自室でする子もいます。窓を閉めきって長期に閉じこもっているため、拘禁性の抑鬱状態になっている子もいないとはいえません。本来はまじめな正義感の強い、比較的にいい子たちです。勉強ができる子も少なくありません。母親との関係が両価的（両立しない矛盾した感情をいだいている状態）で、その一方で依存心は強い傾向が見られます。

②家族の状態

家族崩壊や特殊な事情が社会的引きこもりのきっかけになっている事例はないわけではありませんが、全体としては少なく、多くは一般的な家庭の子どもたちです。なんとなく不登校を開始し、気づいたら同級生が卒業してしまって、どこも行くところがないし何もすることがないから家にこもっているというのおおかたのパターンでしょう。とまどっているのは本人と家族です。そのうちそのうちと思いながらも十年経過してしまったという例は少なくありません。親は、この先どうなるのか不安と焦燥感でいっぱいです。これが在宅自閉型の不登校の子と家族の全体的な状態です。

次にこれを三つの型に分類し、それぞれの内容を記します。

在宅自閉型

自宅にこもったまま社会参加をしない不登校で、テレビゲーム中心の生活を送っている。なかには家庭内の暴力の問題をもつ子もいる。各種の制度を利用したい。

Ⅰ型	Ⅱ型	Ⅲ型
医療型に接近しているが、投薬がなくて生活は可能。暴力が問題の子どもも。三年以上在宅。	三年以内の引きこもり。とくに問題はないが、生活の目的が喪失している。	一年以内の引きこもり。外部との交流ができる状態。早期に再登校を支援したい。

・在宅自閉型　Ⅰ型

Ⅰ型は医療型不登校と重複する部分があります。違いは入院や薬物による治療の必要の度合いです。薬によらないで生活ができることが在宅自閉型の目安となります。在宅自閉型の不登校のⅠ型は、自閉した生活が三年以上にわたり、社会参加への焦りや変化のない生活などから抑鬱症状を呈し、なかには暴力などの問題行動が見られる子もいます。

受験の失敗から長期の閉じこもりの生活になったS男、父親の急死から家に閉じこもって弟に暴力をふるうようになったU男、家族の崩壊の危機から不登校になり、十年間も在宅の生活をしているM子。深夜コンビニへ買い物する以外は自宅にこもっているN子三姉妹、離婚した夫などへの仕返しに三年以上も閉じこめられていたY男がこれにあてはまります。慎重に状態を把握したうえで、医療機関との連携のもとに適切な対応があれば、不登校の改善は可能です。

・在宅自閉型　Ⅱ型

在宅自閉型の中核に位置する不登校です。一年以上にわたって自宅や自室に引きこもって生活しています。テレビゲームやテレビ、漫画を描いて過ごし、家族内の限られた人物としか接触しない子もいます。社会との交流をこばみ、担任や同級生が訪問しても部屋から出てきません。Ⅱ型でも、時間の経過によってはⅠ型へ移行する子もいます。対策としては、各種の制度を利用して家族以外の人物との交流をもつことが必要です。小学校のころのいじめがきっかけで不登校になったT男、父親の「刺激するな」という言葉からきょうだいが引きこもることになったQ子たちが該当します。やや時間が必要になりますが、適切な対応があれば次のⅢ型に移行し、その後に学校に戻ったり社会に出ることは可能です。

・在宅自閉型　Ⅲ型

Ⅲ型は、次にふれる在宅解放型の不登校と重複する部分があります。違いは同級生などとの接触の方法です。在宅自閉型のⅢ型は手紙のやりとりや電話はできます。また状態によってメンタルフレンドや学習指導員などの訪問を受け入れ、家族以外の者と話すことができます。さらに状態がよくなれば、家族に連れられて児童相談所や教育センターの相談室、病院の相談室に行くことができます。アトピー性皮膚炎の治療から登校できないでいたW男、いとことEメールをしている肥満傾向のV男、障害をもった妹の世話で「臭い」といじめられたZ男が該当します。不登校を開始して一年以内であれば、対応によっては短期に学校に戻ることが可能でしょうZ男のように理由がはっきりした引きこもりも、短期に回復が可能です。

在宅自閉型のまとめ

社会的引きこもりと一括して表現されがちな、長期の在宅の不登校の子どもたちの生活を詳しく見ていくと、内容はじつにさまざまです。教室から見れば、子どもが自発的に自宅に引きこもっているとたんに受けとられがちですが、じつは親による登校禁止の場合もあります。たとえばY男、Z男は親による登校禁止、あえて言えば児童虐待とみることができます。教育を受ける権利を親によって剝奪されているといえるでしょう。またアトピー治療とはいえ全国十数カ所も治療所めぐりを強いられたW男も、親から虐待されていると受けとれなくもありません。そうみていくと、T男もそうなります。母親は「学校に行くんじゃない」とT男に登校を禁止しています。子どもの意思選択で長期の在宅の生活を送っているといえるのは、N子三姉妹くらいでしょうか。しかし全般で言えば、いじめや受験の失敗から社会的に引きこもり不登校している子どもの数のほうが圧倒的に多いのは事実です。

3　在宅解放型の不登校

在宅解放型は、「明るい不登校」ないし「現代型不登校」と一般的に呼ばれている近年の不登校です。そのように呼ばれるようになって十五年近くが経過しています。しかしその子どもたちの生活の実態はほとんど明らかにされてきませんでした。神経症タイプを主とする旧態型との比較では理解できない新しい型の不登校と思われています。そして解決の決め手がないと一般的にいわれています。この型は、適切な対応があれば早期に再登校できますが、対応を誤れば在宅自閉型あるいは非在宅校内型へ移行してしまいます。まずは事例から話を進めましょう。

在宅解放型の事例

・a子は小一。幼稚園のときも登園をしぶったことがある。姉はシャキシャキした子で、家のなかでは姉がよく叱られた。a子はおとなしく心配することもなかった。入学後の運動会を前に登校をしぶりだした。泣いて母親から離れようとしなかった。理由を聞いても答えなかった。母親は担任へ相談した。「しばらく休ませてください」と担任は言った。a子は家でテレビを見たり、パンやケーキを母親と一緒に作ったりしていた。友達が来れば遊ぶが、自分からは外へ出ない。

・b子は小四。二学期に入ってから、学校へ行きたくないと言って登校をしぶった。仲よしだった子がほかの子と遊んだことが気に入らなかったようだった。母はしばらく休んだら登校するかと思い、「休んでいいよ」とｂ子に言った。ｂ子は母親が参加するママさんバレーボールを観戦したり、弟とキャッチボールをしたりして遊んでいた。いまも「学校へは行かない」と主張し、友達との交流も断っている。

・ａ男は小三。二年生のときに一度、学校に行くことをいやがったことがあった。そのとき担任は、「無理にでも連れてこい」と言った。今回、担任は「休ませたら」と言った。二回目なので担任は面倒になったのだ、と母親は思った。「ａ男はクラス内で気の合う友達がいないと言う、登校する目的を失っているように見える」と母親は話した。ａ男は家で漫画を見たりテレビを見たりしている。友達が来れば遊ぶ。

・ｂ男は小二。学校でいじめにあったと母親が言うが、本人は否定している。ｂ男は「学校は好きだけど行きたくない」と言う。母は「いじめられているんだから行かなくていい」と言い、ｂ男が安心して登校できる日を待っている。しかしｂ男は、不思議なことにｂ男をいじめた子と仲よく自宅で遊んでいる。母親はそれが理解できない。

・ｃ子は小一。母親とともに相談に来たとき、ｃ子はチョコレートを持参していた。母親は「ｃ子が登校しないと言っているのでそれを尊重したい」と話した。母親はｃ子の自主性を尊重した子育てをしていると自負した。ｃ子は家のなかでは王女さまのようにふるまい、親に命令をしていた。登校しない理由をｃ子は、「学校がつまんないから」と述べた。担任も同級生もｃ子の思うとおりに動かないからだった。

・c男は中二。不登校になったきっかけはc男自身もわからない。「行きたくない」と突然に不登校を宣言し、翌日から登校しなくなった。担任も級友も理由はわからなかった。テレビゲーム中心の生活をした。c男は友達が来れば遊ぶが自分からは誘いかけない。半年後にはイライラした様子で窓の外を眺めていることが増えた。c男は本当は登校したいのではないかと母親は感じている。

・d男は中一。兄も不登校だった。弟も不登校の傾向を示しだした。母親は「どうするの」「どうしたいの」と聞いていたが、子どもたちは答えられなかった。夫婦ゲンカも兄弟ゲンカもない家庭。争いごとが嫌いな父親の口癖は、「ストレスを与えるな」だった。個室に一人一台のテレビ。母親はd男とどのように接していいのかわからなかった。

・e男は中三。中一のころからいじめがあった。中二のときにクラス内で盗難事件があり、e男のせいにされた。e男が登校をしぶったとき、母親は即刻、「行くんじゃない」と答えた。それ以降テレビゲームの日々。日曜日には友達と買い物に出かける。学校と両親は気まずい関係になっている。

・f男は中二。「おまえらのせいで学校が嫌いになった」と両親をせめ、次の日から登校しなくなった。家では昼夜逆転の生活。好きなものだけ食べて、好きなことだけしている。以前からわがままな性格の傾向があったが、不登校になって拍車がかかった。両親はビクビクして生活している。f男は金をせびってビデオを借りに行ったり、コンビニに買い物に行ったりする。f男は登校していないことをまったく気にしていない様子。

・d子は中二。家族全員に肥満の傾向がある。d子は体育が苦手で、とくに走ることが不得意だった。そのぶん、成績へのこだわりは強かった。二学期になって中間テストの成績が思ったよりも悪かった。そのころから登校をしぶりだした。登校時間になっても布団から出てこなかった。母親は、そのうちに登校するだろうと軽い気持ちでいた。d子は家で好きな時間に起きて好きな物を食べて明るく生活していた。しかし体重がみるみる増加した。

・e子は中二。両親は小学校のときに離婚。母親と二人暮らし。e子の不登校が始まったのは中学二年に入ってすぐだった。それまで母親はe子の心の変化を理解できなかった。母親はカウンセリングの本を読み、懸命にe子を理解しようとした。一緒にカラオケに行き、一緒にテーマパークに行って一緒に映画を見た。e子を守ってあげられるのは自分しかいないと母親は思った。

在宅解放型の類型

在宅解放型の不登校の状態像は、前の在宅自閉型と重複する部分があります。異なる点は、在宅していても子どもは友達が来れば遊べるし、放課後や日曜日には一緒に繁華街にも出かける点です。登校しない以外は問題なく過ごしているように見えます。また在宅解放型の一部は次にふれる非在宅校内型と重複します。異なる点は保健室などよりも家庭が好きで、養護教諭などよりも母親が好きな点です。在宅解放型の多くの子どもたちの生活には父親の存在が見えてきません。まずは子どもと家族の一般的な様態を紹介し、次に在宅解放型の類型を述べます。

①子どもの状態

自宅で明るく不登校しています。素直でいい子たちです。ただ、他人の意見に流されやすく、自分を主張できない傾向があります。社会経験の幅が狭く、ストレスに弱い傾向にあります。友達との関係よりも母親との関係が強いのが特徴です。援助については、母親と相談員との相性で決まってしまう場合が少なくありません。子どもはやさしさを求めて、うわべだけの関係をとりつくろう傾向があります。

②家族の状態

母子の関係の強さに比べて、父子の関係は一般的には弱い傾向にあります。近年は父母子が密着して不登校しているのも珍しくありませんが、多くは父親は母子と距離をとって、家庭内で孤立しています。きょうだい全員が一丸となって不登校している例もまれではありません。全般的には高学歴の両親で、リベラルな考え方をしていて教育にも熱心でした。家族はなによりも優しいことに価値をおき、優しくないことを嫌悪する行動特性が見られます。このような、新しいタイプの不登校である在宅解放型には解決の決め手がないといわれています。それは教室から見た不登校の状態像が旧態型と比較して理解できないからでしょう。心理的な葛藤によらない不登校を心理的に理解しようと思っても無理なのです。在宅解放型の不登校の理解への糸口は、子どもたちの生活のあり方や価値観にあります。類型を示しながら説明していきます。

・在宅解放型　I型

在宅解放型のI型は、前に述べた在宅自閉型と重複する部分がある不登校です。異なる点は解放型の子は、家から出て友達と遊んだり買い物に行くことができる点です。教育センターの相談室や児童相談所の相談室へも行くことができます。しかし、子どもはまだ人目を気にして、同級生や近所の人と顔を合わせない時間帯を選んで外出する傾向があります。運動会前に休みだしたａ子、クラスに気の合う子がいないａ男、いじめがあるんだから行かなくていいよと母が不登校を許したｂ男、ストレスを与えるなと父が言ったｄ男、母から「行くんじゃない」と強く登校を止められたｅ男たちがこれにあてはまります。Ⅰ型の母親は、公の教育に対する不信感をもつ傾向があります。

在宅解放型

在宅して明るく不登校をしている。登校しないこと以外には問題ない。友達が来れば遊ぶし、援助の機関に相談に行くこともできる。母子の関係が密着し、生活自立の遅れが見られる。

Ⅰ型	Ⅱ型	Ⅲ型
自宅で明るく生活しているが、外出は人目を気にする。病院などの相談室には好んでいく。	自宅で母親と仲よく生活しているが、相談室にもかよう。同級生が勉強している間は在宅。	母親と仲よく、いつでも外出する。フリースクールなどに毎日元気に登校している。

・在宅解放型　Ⅱ型

Ⅱ型は在宅解放型の中核に位置する不登校です。多くは母親が登校しなくていいと子に話していて、そこから不登校が始まっています。子どもたちは母親を味方にしていて、母親と楽しくクッキーを作ったりしながら生活している。母親が気に入った援助機関や相談室に定期的にかよい、母親はカウンセリングを受け、子は楽しくプレイセラピーなどをして帰ってきます。ただし、同級生に顔を合わせない時間帯を選んで外出する傾向があります。ママさんバレーを観戦しているｂ子、母親が「子が登校しないと言っているので尊重したい」と述べたc子、「無理することないから」と母が言って休みはじめたd子、母親がカウンセラーを買って出たe子などが該当します。在宅解放型Ⅱ型の不登校の子の特徴は、やさしくしてくれるところに流れていくパターンです。

・在宅解放型　Ⅲ型

在宅解放型Ⅲ型の不登校は、次に述べる非在宅校内型と重複する部分があります。在宅解放型Ⅲ型の子どもは学校外の相談室に毎日かよえるほど元気です。援助団体などのフリースクールにも熱心にかよっています。最近は不登校児童生徒への対応をして民間の学習塾が登場していますが、そうしたところにも喜んでかよいます。子どもは、近所の大人にも同級生にも顔を合わせることへの抵抗はありません。相談室をかけもちし、渡り歩く親子も登場しています。「行きたくない」と突然に宣言したc男、「学校が嫌いになった」と言って次の日から登校しなくなったf男が該当します。Ⅲ型の子どもたちの特徴は、好き嫌いがすべての行動を決定する点です。

在宅解放型のまとめ

以上のように、在宅解放型といっても異なった内容の型があって一様ではありません。子どもの特性や家族の様態、またその当時の学校側の対応などが複雑に組み合わさってさまざまな在宅解放型の不登校をかたちづくっています。しかし全体をとおしてみれば、母子の密着の強弱と援助者の位置で三つの型があることがわかります。Ⅰ型は母子が強い密着を示していて、それに対して援助者は距離をとっています。子はまだ人目を気にしています。Ⅱ型は強い母子関係に援助者が接近し、子は近所の人びとの目を気にしなくなっています。Ⅲ型は母子と援助者は親密になり、子どもは近所の大人も同級生の目も気にしなくなっています。この不登校は近年の増加が指摘されていますが、今後も多様化を強めながら拡大していくものと思われます。

4　非在宅校内型の不登校

次に、非在宅校内型にふれます。増えつづける不登校に対して、保健室の登校を出席として扱うことを文部省が公示したのは十年前のことです。当時、保健室登校の児童生徒は全国で一万人弱と報告されていました。その後、さらに利用者は増加し、現在は五、六万人の子どもたちが保健室などの教室以外の場所に登校しているといわれています。しかし、実態は文部科学省でも把握しきれていないので、誰もわからないとされています。

現在、学校への出席として認定される場は拡大し、校内では保健室・相談室・図書室・職員室・校長室・教材準備室・用務員室などさまざまです。また校外では教育相談室・児童相談所・適応指導教室・病院の相談室なども、申請すれば出席とカウントされることが多いのです。さらには民間のフリースクール・支援団体主催のキャンプなどの参加も、出席と見なされることもあります。一般的に、教室以外も出席と換算される場が増えたことはたいへんにいいことだと歓迎されています。問題は、こうした教育的配慮がかえって不登校の増加をまねき、不登校の実態を曖昧にし、援助の方向を見失わせる可能性があることです。まずは事例からご紹介しましょう。

非在宅校内型の事例

・g男中二。中一の時点で登校しなくなった。父親との関係が悪くて家出し、母親の実家に移り住んだ。しかし転校した中学でも不登校になって、いまは原籍校に戻って保健室登校をしている。父親は小言の多い性格傾向があり、ささいなことでg男とぶつかる。母親はメソメソするばかりで、それもg男が気に入らない。g男は十時ごろ登校して給食を食べて、好きな時間に下校する。保健室ではベッドでゴロゴロしている。家ではg男と父親は顔を合わせない。

・h男は中一。母親の病気が発見されたときから不登校になった。入院から退院まで不在がちな父親にかわってh男は母親の面倒を見た。母親の病体が回復したあとも在宅の生活を送っていたが、担任のすすめでh男は登校を開始した。しかしh男は同級生とはなじめず、保健室の養護教諭のそばにいたがり、教室へは行かない。

・i男は小五。i男の私物がトイレに捨ててあった。担任はいじめがあると判断して、犯人を探そうとクラス内でアンケート調査をおこなった。そして回収したアンケート用紙をそのままi男の母親に渡した。アンケート用紙のなかにはi男のことを中傷した同級生の言葉も記されていた。母親は激怒してi男に「登校しなくていい」と登校を禁止した。二カ月後、校長と担任が謝りにきた。そのとき、校長は相談室への登校をi男にすすめた。i男は次の日から相談室へ登校するようになった。

・j男は小四。ときどき「学校へ行かない」と母親を脅すことがあった。そのつど、母親はj男に「学校に行ってちょうだい」と頼んでいた。j男は「学校に行くからジュースを買え」などと要求するようになった。要求はしだいにエスカレートして「ゲームソフトを買え」などとなり、さらにj男は登校しても教室には入らずに保健室や相談室に入りびたった。そして養護教諭やスクールカウンセラーに特別なはからいを要求し、気に入らないと「休むぞ」と脅かした。

・f子は中二。両親は小学校のときに離婚。別れた父親は遠くに住んでいる。母親は懸命に働いて家計を支えてきた。f子が保健室へ登校するようになった時期は、養護教諭さえも記憶が定かでない。気がつくとf子は保健室へ入りびたっていた。学校はf子の家庭環境を理解して、可能なかぎり特別な配慮をおこなった。母親や生活指導の教諭が教室で授業を受けるようにf子に言っても、養護教諭や担任が「無理しなくていい」とf子をかばった。

・g子は小学三年。新学期になって担任がかわってから不登校になった。初日に担任から叱られたのがきっかけだった。母親は学校に出向いて、g子の担任を替えてほしいと校長に訴えた。しかし担任は替わらなかった。母親は激怒し、再度、校長に訴えに行った。校長はg子に校長室登校をすすめた。翌日からg子は校長室に登校した。

・k男、l男は中二。二人は同級生である。二人は教室に入らず階段に登校している。給食は階段に持っていって食べる。k男とl男は好きなときに登校して、好きなときに帰る。担任は「目ざわりだから相談室へ行け」と言った。k男とl男は「俺たちは変じゃない、むかつく」とトイレのガラスを割った。k男とl男は授業妨害をすることがあるが、それはごくたまにである。

・m男とn男は中一と中三。兄弟である。二人は小学校のときも不登校があった。中学では、小学校の教師の申し送りのとおりに刺激しないことを教員間で徹底した。担任は家まで迎えに行って、教材準備室にm男とn男を入れた。しだいにm男とn男らの噂が広まり、「俺たちも体調が悪い」と教室を抜け出す便乗組の数人が準備室にたまるようになった。困った学校側は準備室を閉鎖して、校長室の隣に特別室をつくった。便乗組の子らはこなくなったがm男とn男も登校しなくなった。

・h子は小四。もともと寝起きが悪い。朝が不機嫌で自律神経失調症と言われたことがある。母はh子に負担になるものは省いていきたいと思っている。学校に行きたくないのなら行かなくってもいいかな、と思っている。いずれにせよh子が納得するまで待ちたい。保健室の前でh子が待っていてと言うので母親は毎日、授業が終わるまで待っている。ときには弁当持参で母親は待っている。子どもは明るく保健室登校を続けている。

・o男は中一。両親は十年以上も離婚の調停中。父に結婚前からの愛人がいた。母親は健康を害して十種類の薬を飲む日々。家事ができずに伏せている。o男は学校の厚い配慮のもとに登校を続けていた。父親がわりに担任が、母親がわりに養護教諭が役割を担って、どうにかここまできた。担任は毎日自宅までo男を迎えに行き、授業は保健室で特別に養護教諭が教え、給食には養護教諭の手料理の一品が並んだ。しかし、しだいにo男はそうした担任らの介入を嫌うようになって、「うるせんだよ」と接触を避けるようになった。

非在宅校内型の類型

私は、校内型不登校の子どもたちを現代の教育制度の落とし子であると思っています。この子どもたちは家庭教育から学校教育から置いてきぼりにされています。しかも学校も家庭も社会も本人もけっしてそうは思っていないのです。むしろ、「養護教諭やスクールカウンセラーに相談援助してもらっていていいわね」「保健室でも登校できればいいではないですか」とほめます。一部の学校関係者が、こうした状況は学校教育の放棄であると厳しく指摘しましたが、それは一時の動きでしかありませんでした。まずは子と家族の状態を見てみましょう。次いで校内型不登校の類型を示します。

①子どもの状態

ここでは、教室ではなく、校内の不特定の場に登校している児童生徒を校内型不登校と呼びます。登校しているので出席として扱われて、不登校ではありません。多くの校内型不登校の子どもたちは好きな時間に登校し、好きな時間に下校します。好きな教科だけ自習し、嫌いな科目は自習しません。個々にはやさしくておとなしく目立たない子が多いのです。単独で行動する子とグループで行動する子がいますが、総じて二、三人のグループで動く子が多いようです。たいがいは援助者と仲よしです。やさしさを求めて養護教諭やスクールカウンセラーなどのあいだを移動する子も少なくありません。基礎的な学力を身につけないまま、社会生活を学ぶ機会を逸したまま、卒業させられてしまう子も少なくありません。こうした子どもの多くは、高校生活も職業人としての生活も長続きしません。

②家族の状態

不登校の状態から脱して登校しているので、とりあえず家族は安心しています。子どもは学校での生活を話さないので家族は実態を知りません。多くの親はスクールカウンセラーや養護教諭がかかわっているのだから大丈夫と単純に信じています。目先のことで手いっぱいで将来のことは考えられないのが実情でしょう。親の多くは良識ある普通の人びとで、家族関係もまあまあうまくいってはいますが、現実の直視という点では弱いところが特徴です。

校内型不登校の子どもたちの不幸は、誰も子どもの将来を真剣に考えていないという点です。いまのやさしさが永遠に続くものと錯覚している子が多くいます。たぶん、親のほうも、いまの状態が続くものと錯覚しています。もしかすると、スクールカウンセラーも養護教諭もそう思っているかもしれません。

次に類型を示します。

非在宅校内型		
保健室などで明るく不登校をしている。教室の集団授業から離脱して校内をさまよう子らである。しかし出席と見なされているため、子も親も教師も問題と認識していない。		
Ⅰ型	Ⅱ型	Ⅲ型
母子の関係によっては在宅解放型へ移行する。校長室や特別室の待遇。	保健室・相談室・図書室などに登校している。好きなことだけして生活している。	廊下や階段や体育館へ登校している。相談から切れて集団で行動する。

・非在宅校内型　Ｉ型

この型は、前に述べた在宅解放型の不登校と重複している部分があります。異なる点は、学校で過ごす時間が自宅よりも長い点です。子どもは相談の先生と仲よくなって楽しんで登校しています。好きな学科だけ自習し、嫌いな学科は自習しません。子どもの対人関係は不安定で、仲よしの先生が厳しいことを言ったり、ほかの子へ関心を移動すると、登校しなくなります。そして母親とべったりの生活を再開します。父親がわりに母親の看病を引き受けていたh男、母親がアンケート調査した担任を激怒したi男、校長室登校をしていたg子、自律神経失調症と言われたK子などが該当します。

・非在宅校内型　Ⅱ型

Ⅱ型は非在宅校内型の中核に位置する不登校です。子どもは保健室・相談室・適応指導教室・校長室・職員室・特別室・図書室・用務員室などに登校しています。いちおう、母親べったりの生活からは脱出していますが、担当の教員との関係によってはＩ型に移行します。対人関係が不安定であるのは変わりなく、友達関係に引きずられⅢ型に移動する子もいないとは言えません。周囲は子どもに振り回されることもたびたびです。「無理しなくていい」と養護教諭に諭されたf子、教材準備室にきょうだいで登校を続けたm男、n男、養護教諭の手作りの一品が給食に添えられていたo男らが該当します。この子どもたちの共通言語は「むかつく」「うるせえ」です。

・非在宅校内型　Ⅲ型

Ⅲ型は、次で述べる非在宅校外型と重複する部分がある不登校ですが、それと異なる点は、校内にいる時間が校外にいる時間よりも長いということです。保健室や相談室の登校を続けていたが、しばらくすると飽きてきて、誘われるままに校外に出てみるが、すぐに戻ってくるという行動を示す子は多いのです。しかし校外型の不登校の集団とは基本的に家族のタイプが異なるために、全面的に校外型へ移行することはできずに、中途半端になっています。校外型とは基本的に家族の傾向が異なっています。小言の多い父親に反発して家出をしたg男、ジュースを買えと母親を脅すj男、階段登校をしていたk男とl男らが該当します。家族関係の変化いかんでは校外型に移行することもあります。

非在宅校内型のまとめ

非在宅校内型の不登校は学校にも特徴があります。こうした学校には保護的な教員がいて、不登校の子どもたちに、やさしく接しなくてはならないと主張します。そうした教員に対して、その指導は間違っていると、ほかの教員は言いにくいものです。なぜなら、社会全体が不登校の子らにはやさしく接することを期待しているからです。ここでの間違いは、将来にわたってその保護ややさしさが継続できると錯覚している点です。卒後のその子たちに、いまの生活はどのような影響を与えるか考えなくてはなりません。将来的な展望が教師側にないと、親も子もその場の居心地のよさに安心して、問題を直視せず、解決を先送りにしてしまうのです。この型の不登校は、なんらかの関係の変化で次に述べる校外型へ容易に移行する可能性があります。

5　非在宅校外型の不登校

非在宅校外型の子どもは、校門前やコンビニ前、駅の周辺に集団でへたりこんで喫煙し、ペットボトルの飲料水を飲みながらスナック菓子を食べています。携帯電話で勉強中の仲間を誘い出し、ときとして同級生から金品を巻きあげ、カラオケやゲームセンターに出かけます。茶髪、複数のピアス、腰巻きにしたズボン、シャツを出してだらしなく着用するなど、共通のスタイルをもっています。近年は公民館や児童館に集団で訪れて、タバコをふかしながら大声で騒ぐので問題になっています。まずは事例から見ていきましょう。

非在宅校外型の事例

・p男は中一。勉強はできる。しかしいまは勉強をしたくない。サッカーはしている。学校はサッカーの部活に参加するためにだけ行く。親は、「自分で決めたなら自分で責任をとれ」と言う。担任は何も言わない。p男は授業がある間は学校の外にいる。コンビニでスナック菓子を買ってペットボトルを飲みながら時間をつぶす。公民館や児童館や図書館に行って、そこで話しているときもある。たいがいは校門の前で友達が下校してくるのを待っている。p男は、誰に迷惑をかけているわけではないいからこれでいいと思っている。

・q男は中二。勉強は好きでない。でも学校は好きで本当は高校へも行きたい。親は昔はガミガミとうるさかったが、最近は「勝手にしろ」と言う。だからq男は勝手にしている。妹は勉強ができて母親は妹だけかわいがっている。むかつく。父親はいないも同然。いても価値がない。給食だけ食べに教室に行く。給食は好き。でも食べたらさっさと消える。担任は「授業の妨害をするのだったら学校に来るな」と言う。だから俺たちはいいことしてやっている気分、とq男は言う。

・r男は中二。「もともとおとなしく素直な性格だった」と母親は言う。担任は「r男はいやだと断ることができない弱さをもつ」と言う。授業中に携帯電話にメールが入る。校外の同級生から呼び出しである。r男は授業が終わるやいなや駆けつける。競馬や競輪に誘われても、断ることができない。r男は小学生のときにいじめにあった。そのときに助けてくれたのがいまのグループリーダーだった。r男は家から金を持ち出していた。

・s男は中三。母親が幼いころに病死している。父親はアルコールの依存の傾向がある。だからs男は夜は家にいない。父親が仕事に出かけて不在の間だけ、s男は家にいる。タバコをふかしながらテレビを見てゴロゴロする。夕方、校門で友達が下校してくるのを待つ。s男は中学生になって数日しか登校していない。担任は好きだ。真剣に叱ってくれたのは担任だけだったからだ。

・i子は中二。両親は小学生のときに離婚して、母親と二人で生活している。中一のときに非行仲間から脅されて怖い経験をした。それ以来、i子は小型のナイフを持参している。i子はときどき教室に入って授業妨害をする。担任と殴り合うと気持ちがスカッとする。そんなとき父親を殴っているような気がする。父親の記憶は殴られたことしかない。担任はi子の顔を見ると不快な表情をしながら、「何をしに来たのか」と聞く。
・t男は中三。父親との関係が悪くて、ささいなことで殴り合いのケンカをする。そのぶん、母親が甘く、小遣いを多めにくれる。学校でも授業妨害をする。校長は親に学校に来させるなと言う。父親は「落ちるところまで落ちろ」と言う。t男の趣味はサーフィンで、仲間と夜の海で波に乗るのが好きだ。日中は近所の公園でタバコをふかしながら、仲間が下校してくるのを待っている。
・u男は中三。兄もかつて不登校をしたことがあった。u男の父親は不在がち。母親の趣味はカラオケバーに行くこと。中一のときから突っ張りのグループに入っていた。学校の担任から嫌われている。u男が登校すると担任は「学校に来るな」と言う。u男は放課後に仲間と合流してトイレのドアや体育館の壁を破壊する。仕返しだ。
・v男は中一。二学期に登校したくなった。スケートボードグループと仲よしになって、集団で万引きをした。家族は裕福で帰国子女。父親は仕事が忙しく、万引きしても何も言わない。外に愛人がいるらしい。母親は夜になると酒を飲んでいる。登校しない日は仲間と公園でスケートボードをしている。

非在宅校外型の類型

近年の特徴となる不登校の代表的な型の一つです。校内型の不登校よりもさらに学校教育から排除されています。なかには出席停止の処分を受けて、教室に入ることを禁止されている子もいます。「勉強がいやなら無理にしなくていい」とやさしく教員から言われて、明るく校外型の不登校をしている子もいます。しかし正確に言うと、不登校ではなく、多くは出席として扱われています。

出席停止は学校教育法による行政処分であり、児童生徒の暴力がほかの児童生徒の教育を受ける権利を妨害する場合、市町村教育委員会が保護者にこれを命じることができることになっています。学校現場ではこの法律が、ほかの理由で運用されることがあるのです。ほかの児童生徒の権利を擁護するためではなく、扱いにくい児童生徒を教室から排除する目的で運用されることがあるのです。

q男、t男、u男たちがその例です。この三人は学校からも家庭からも見放されています。

次に、非在宅校外型の子どもと家族に見られる共通した項目と類型を示します。

①子どもの状態

非在宅校外型の子どもの特徴は、友達志向が強い点です。家族や学校よりも友達との関係がなによりも優先されます。友達のために自分が犠牲になることもいといません。たいがいの子らは母親から甘やかされて育っていて、父親との接触がほとんどありません。父親は不在がちで、子は父親の厳しさや強さに接したことがありません。子どもは現実の厳しさを教える人がいない環境で育っています。子どもは父親の登場を待ち望んでいます。

②家族の状態

非在宅校外型の子どもの家族は平均的な核家族です。経済的にもたいがいは問題がなく、親は高学歴です。きょうだいに勉強のできる子がいる場合も多いのです。きょうだいともに非在宅の校外型の子の家庭もあります。母親がパートで父親がサラリーマンの家庭が多いのですが、母が専業主婦の場合のほうが解決が困難です。子は優しく家族思いで、不在がちな父親のかわりに母親を気遣い、支えてきた子が多くいます。特徴となる点は、両親関係が冷めている点です。

この型の不登校の子どもたちには外見上に共通した特徴があります。共通した生活スタイルと容姿で仲間とつながり、孤独を癒しています。多くの子は、とくに騒ぐことはあっても大きな悪さをせず、めったに授業妨害もしないので、学校は放任している場合が多いのです。

類型は次のとおりです。

非在宅校外型

校門前やコンビニ前に座っている。茶髪・ピアスと腰巻きにしたズボンなど独特のスタイルが特徴である。学校と地域にこだわりがなくなると、非行犯罪型の不登校に移行する。

Ⅰ型	Ⅱ型	Ⅲ型
出席日数を気にしている。相談室はあいさつ程度に来る。学校は好きで周辺にいる。	出席はある程度気にする。地域の公園や児童館などで友達を待っている。	集団から単独行動をするようになる。学校区を離れて繁華街で出会った仲間と交流をもつようになる。

・非在宅校外型　Ⅰ型
校外型の不登校のⅠ型は、校内型と重複する部分がある。異なる部分は校内で明るく不登校しながら、半分以上の時間は校外で遊んでいるという点です。たいがいは昼前に相談室などに登校し、給食を食べてから校外に繰り出します。校外といっても校門前や裏門のそばなどで、地面に座り込んでいます。外に出る理由には、長時間の着座が苦痛で、勉強がわからないからおもしろくない、

家庭がおもしろくないなどがあり、先生に相談したりします。集団授業にさしさわりがでるので、「無理しなくていい」と言う教師もいますが、子らはそうした教師の言葉を逆手にとって「いいと言ったのは教師だ」と居直っています。サッカー少年のp男、高校に行きたいと思っているq男、いやだと断ることができないr男らが該当します。

・非在宅校外型　Ⅱ型

非在宅校外型の不登校の中核の群で、友達関係だけに関心をおいた生活をしています。出席をとったら校外へ出ます。学校のそばのコンビニなどの前の地面に座り込んで、ほかのメンバーがそろうまでタバコを吸ったりスナック菓子を食べながら待っています。体育などの好きな科目があれば、校内に入って授業に参加することはあります。ときどき、廊下などで給食を食べています。教師が注意すると食べ物を廊下に投げつけて暴れるときもあります。刺激しなければ比較的おとなしく、怖い教師がいれば学校に近づきません。この子どもたちは、真剣に叱ってくれる人物の登場を待っています。真剣に叱ってくれたのは担任しかいないと語ったs男、スケートボードのv男が該当します。

・非在宅校外型　Ⅲ型

多くの場合、駅周辺や自転車置き場、児童館や公民館などにたむろしています。登校はしません。めったに繁華街はうろつきませんが、勢いでゲームセンターやパチンコ、競馬などに繰り出すことはあります。携帯電話で授業中の仲間を呼び出し、合流して仲間の家で麻雀をしたり飲酒している子もいます。親の多くはそうした子どもたちの生活を知りません。親の子への関心は全体的に希薄です。また学校も、何か事件が起きてはじめて知ることになります。学校もこの子らの対応をほとんどあきらめています。ナイフを常時携帯しているi子、サーフィンのt男、突っ張りのグループに入っているu男たちがこれにあてはまります。親との関係の変化があれば、非行犯罪型へと容易に移行します。

非在宅校外型のまとめ

Ⅰ型は非在宅校内型の不登校に接近し、Ⅲ型は非行犯罪型の不登校に接近しています。しかし生活の全体からみれば、いつ非行犯罪型に移行してもおかしくない子どもも少なくありません。特徴の第一は家族が機能していない点、第二は学校教育が機能していない点、さらに地域社会も機能していない点となります。しかし多くの子どもたちはまだ、家族との接触を求め、学校に接点を求め、教師との接触を求め、地域社会にとどまって、誰かが解決してくれるか、あるいは何かが変わるのを待っています。求めていながら、この子たちの言葉の表現が適切でないために誤解されやすいのです。近年、出席停止の行政処分の件数が増加していますが、報告された件数はほんの一部で、おそらくはその二倍から三倍の数にのぼるとみられます。この子どもたちの保護を誰がどこでおこなうかは緊急の課題です。

6　非行犯罪型の不登校

少年非行・少年犯罪の発生件数はこの数年、上昇の一途をたどっています。とくに、新しい通信手段を使った新しい性非行が注目されています。また一方に、殺人などの凶悪犯の増加も報告されています。この子どもたちの多くは、初期症状として学校不適応などの教育的な問題行動を起こしています。裏を返せば、非行犯罪型にいたる前の必死の救助信号が、不登校などの学校不適応行動であるとも言えるのです。

まずは事例を紹介しましょう。

非行犯罪型の事例

・中二のj子は内臓の疾患があって幼少時に三回の手術を受けた。小学校時代はほとんど体育の授業は休んで見学していた。j子の問題行動は小学校の高学年から見られた。菓子の万引きである。j子はスーパーの菓子売り場で万引きして捕まった。二回目だったので通報されて、両親は警察署に呼ばれた。それ以降、j子と母親の関係は決定的に悪化した。もともとj子と母親の関係はうまくいっていなかった。j子は父親っ子だったが、その父親が失業した。両親の関係は冷めに冷めていた。母親は弟と二階で食事し、同室に寝ていた。父親は独りで階下で食事をして、階下に寝ていた。ｊ子は弟からも邪険に扱われた。そのような生活のなかでｊ子は、繁華街でアクセサリーの万引きをした。今回は学校が知ることになって両親は担任から呼び出された。帰宅後、父親はｊ子をなぐって部屋に監禁した。父親は罰としてｊ子の登校を禁止した。ｊ子にとって、登校することを禁じられることはなによりも悲しかった。ｊ子は家出し都心の繁華街でバッグを万引きした。

・中三のｗ男は、二年以上の不登校状態だった。妹ｋ子も一年以上在宅の生活をしていた。ｗ男とｋ子は二階の六畳間に二つ布団を並べて寝ていた。両親は一階に寝ていた。ｋ子は妄想があり、自傷行為が頻繁にあった。ｗ男は夜になると外出して婦女暴行を繰り返していた。そのうちに現行犯で警察に捕まり、少年院に送られた。ｋ子はｗ男に性虐待を受けていたが、両親はかたくなにその事実を否定してｋ子の治療もしなかった。しばらくしてｋ子は自殺企図から精神科に入院となった。ｗ男のその後の情報はない。

・ｌ子は中三。ｌ子の父親は一年半前にガンで亡くなった。母親とｌ子の関係はぎくしゃくしていた。ｌ子は父親っ子で家族は母親と妹、父親とｌ子というように二分されていた。だから父親が亡くなったあと、ｌ子は家にいる理由を失った。また、母親は愛人を自宅に頻繁に泊めていた。ｌ子はビジュアル系ミュージシャンの追っかけをしていると母親に話し、朝帰りを開始した。母親は「学校に行ってくれればいい」と朝帰りを許した。しかししだいにｌ子は帰宅しなくなり、当然に学校は欠席がちになった。ときたまの帰宅時に、ｌ子は高価なブランド物を身につけていた。ｌ子はライブハウスのマスターから客を斡旋してもらって、売春をしていたのであった。

・ｘ男は中二。父親は服役している。母親は懸命に働いてｘ男と姉ｍ子を育てた。ｍ子は社会的引きこもりを五年間続けていた。x男は中二になって早々に同級生の女子を自室に泊めた。登校もせずに、女子とともに部屋に入りびたった。狭いアパートでそのような生活が数日続いたあとに、姉m子は金切り声をあげてx男の部屋に侵入した。x男はm子をなぐって女子とともに家出した。友人宅を転々と泊まりあるいた。学校には二、三日に一度、顔を出していた。しかし、しだいにx男は悪い集団と交流をもつようになった。恐喝事件を起こして警察官に補導された。m子は自殺未遂事件を起こした。

・y男は十五歳。一年間の校外型の不登校のあと、不良仲間と交流をもつようになってバイクによる暴走行為を繰り返し、事故を起こして入院となった。そのときに親からバイクを取り上げられた。退院したy男はバイクを盗んで乗り回しているときに警邏中の警察官に見つかり、窃盗の現行犯で補導された。そのときも父親から、殺されるかと思うほどの暴力を受けた。y男はその直後に公園で覚醒剤を売買して児童福祉施設へ送致された。

・z男の母はいない。z男が小学校のころに家出した。中学までは勉強のできるいい子だった。中三になって進学先を検討する段階で、z男に変化が起きた。父親は「高校に行かせる金はない」とz男に言った。z男は登校しなくなり、それ以降はなげやりな生活態度になった。万引き・窃盗・暴行と次々に事件を起こして、十七歳のときに刃物で刺されて死亡した。

・n子中二。n子は母が長期の入院生活を送っていて、父に愛人がいるなど家庭が複雑だった。n子は表情が暗く、友達ができにくかった。断続的な不登校もあった。そのような生活のなかで、唯一の救いは担任だった。担任も気軽に電話をかけていいと自宅の電話番号を教えた。n子は担任の帰宅に合わせて自宅に電話をするようになった。そのうち、担任の帰宅に合わせて訪問するようになった。担任には年老いた両親がいた。両親は息子の教え子ということでn子に親切にした。n子はしだいに担任宅へ泊まるようになっていった。しかし、回が重なることで担任に負担感が出た。担任はn子に距離をとった。そのころからn子のストーカー行為が始まった。

・o子は高一。o子の問題行動は小学校の高学年から父親による性の虐待を受けていた。それは o子と父親の秘密で、母親には内緒にされていた。o子と母親との関係は悪く、母親は o子を避けていた。家族はもともと二分されていて寝室も二つに分かれていた。o子は中学のときから断続的な不登校があった。しかし勉強ができたので私立の高校に入学できた。生活が乱れたのは高校に入ってからで、援助交際をして多額のお金を手に入れた。同級生数人をカラオケや飲食に連れていって、援助交際のグループに入会しないかと誘った。のちに学校の知るところとなり、o子は除籍となった。

非行犯罪型の類型

以上、八つの事例をあげて非行犯罪型の不登校の実態を紹介しました。ここで断っておかなくてはならないことは、これらの事例は公立の相談機関で私が受け付けた相談の一部であって、また私の経験の場は非行臨床と呼ばれる現場のほんの一部でしかないという点です。現在のわが国の非行犯罪の内容は私が臨床で経験した以上に深刻で、社会的にも重大な問題を含んでいます。たとえば神戸の中学生による児童連続殺傷事件のように、です。そうした事例を筆者は直接に扱っていないので、非行犯罪型の不登校の全体を知っているとは言えないでしょう。しかしそうではあっても、非行犯罪型の不登校は増加していて、その対応は急務の課題の一つであることは推察できます。ここでは、非行犯罪型の特徴である子どもの状態、家族の状態をまとめ、次に類型を示してみます。

①子どもの状態

非行犯罪型の子どもの特徴は、家庭にも学校にも居場所を見つけられずに街をさまよっている点です。仲間関係を大事にしていますが、その仲間にも気を許していない子は少なくありません。その点が先に述べた校外型の不登校の子らと異なっています。自分も家族も社会も信じてなくて、孤独で場当たり的な生活をしています。将来に悲観しています。真剣にかかわってくれた人がいなかった生育歴をもっています。

②家族の状態

共通して見られるのは、家族が解体しているかまったく機能していないという状態であることです。問題を回避したり問題を否認したり、問題そのものを無視したりのパターンが家庭内に見られます。病むことで、または暴力で解決してきたパターンも見受けられます。世代を超えて、虐待や自殺や傷害事件などの重大な問題をかかえてきた家族も少なくありません。そのようななかでの不登校は、子と家族の必死の救助信号であるとも受けとれます。

・非行犯罪型　I型

非行犯罪型不登校のI型は、先の非在宅校外型と重複する部分があります。校外型は家族よりも友達との関係に重点をおいて、仲間中心の生活をしています。不登校でも学校が好きで、学区に軸足をおいた行動をとっています。それに対して非行犯罪型は、軸足が特定の繁華街にあり、関係はゲームセンターなどで偶然に知り合った仲間たちです。そのなかでⅠ型は、非行犯罪などにいたる前に、子どもが必死に学校の担任や親らにサインを発し、まだ学区にも足を運び、学校に助けを求めている段階です。万引きを繰り返すｊ子、ビジュアル系ミュージシャンの追っかけをしているｌ子、ストーカー行為をしたｎ子らが該当します。青少年センターなどの相談員らと連絡をとって生活を立て直すことで回復する可能性があります。

非行犯罪型

家出、外泊、飲酒、薬物の使用、風俗、売春など非行犯罪の内容は多様化している。さらに先端機器を使った新しいタイプの型も出現していて、不登校の対応よりも困難である。

Ⅰ型	Ⅱ型	Ⅲ型
軸足を学区においていてときどき様子を見に来る。窃盗がおもな非行の内容の不登校。	軸足は学区を超えて広域になっている。暴走族・組織などと交流して犯罪にかかわりをもつ。	単独で行動する傾向あり。地域や家族から切れていて、犯罪の傾向を強める。

・非行犯罪型　Ⅱ型

非行犯罪型の中核に位置する不登校です。学校や家庭から離脱して、非行仲間との接近を顕著にしています。集団で暴走行為を繰り返し、集団で恐喝行為をおこない、窃盗事件を起こします。児童福祉施設や少年院に送致される児童も多くいます。親は警察の呼び出しにしぶしぶ応じますが、家族は解体しているかまったく機能しない状態にあります。家族が子の問題に対して解決の資源になるどころか、逆に悪化の引き金になる場合もあります。この家族の多用する言葉に「勝手にしろ」があります。父親が服役しているx男、父親から高校に行かせる金はないと言われたz男、援助交際をしていたo子らが該当します。児童福祉施設職員、警察署の相談員などとともに生活を再建することをとおして、子は回復する可能性はあります。

・非行犯罪型　Ⅲ型

現になんらかの犯罪で検挙されて少年院などに措置されています。少年法の保護の範囲を超えて犯罪として処罰される青年もいます。多いのが恐喝や傷害ですが、背後に組織があるときはそこからの離脱が困難だったりします。不登校の援助よりも、警察と協働のうえで対処しなくてはならない場合もあります。状況によっては引っ越しや転校、施設の入所措置という強い手段をとらないと組織との関係は切れません。きょうだいにも影響を与える場合があるので、関係者は迅速に対処する必要があります。家族は解体していますが、親として対峙することを子は期待しています。婦女暴行を繰り返したw男、覚醒剤を売買して施設に送致されたy男らが該当します。この子らは家族との関係を求めながらも、所属する家族を失っているのです。

非行犯罪型のまとめ

八つの事例のうち女子が四事例、男子が四事例でした。女子の事例は万引きなどの窃盗と援助交際などの児童売春、ストーカーなどの問題行動がともなった不登校です。本人が虐待などの被害者であって、非行犯罪にいたる理由がはっきりしているのが特徴です。男子の事例は婦女暴行、窃盗や恐喝、暴力などの問題行動が不登校にともなって見られます。家庭環境に特徴がありますが、女子とは違って、非行犯罪にいたるはっきりとした理由がない事例もあります。今後こうした不登校は増えることが予想されますが、いまは援助の場が十分とはいえない状況にあり、援助の技術も十分に開発されているとは言いがたいのが現実です。

7　現代の不登校のかたちをまとめてみると

医療型、在宅自閉型、在宅解放型、非在宅校内型、非在宅校外型・非行犯罪型。以上六つのタイプとそれぞれをさらに複数のモデルに分けて見てきました。

医療型不登校では心と身体、行動と心の不統合による不登校を加えた新しい医療型モデルを提示しました。それらは従来の医療型モデルにはない不登校で、不登校状態であるにもかかわらず病欠としてカウントされ、あるいはその他の不登校として分類されていた不登校です。不登校数と換算されないと、全体の問題としての不登校のとらえ方に偏りを残します。また対応の検討にも問題を残します。現代の不登校の問題は、病欠を含む欠席しているすべての子の問題としてとらえ、生活の全体から援助を検討する必要があるのではないか、と私は考えているのです。

在宅自閉型は近年、社会的引きこもりと呼ばれて現在百万人以上いるといわれています。ここで注意しなくてはならないことは、在宅自閉型のなかには「登校しなくていい」という周囲の配慮から、長期に登校していない例もが少なくない点です。私はそれを「やさしさの虐待による不登校」と呼んでいます。やさしさの虐待の不登校児たちの特色は、万年青年・万年少女でいようとする点です。しかし万年青年・万年少女も、年をとるという現実から免れることはできないのです。

在宅解放型は明るい不登校、現代型の不登校と呼ばれて十五年が経過します。しかし、旧態型不登校との比較では理解できない新しいタイプの不登校として、いまだ解決の決め手も対応の方法もないといわれています。在宅解放型の不登校の子のなかには、休む権利を主張し、明るく不登校している子も多くいます。しかし繰り返しますが、不登校する権利は不就労する権利につながっているわけではありません。また、子どもたちには明るく不就労する権利が保障されているわけではありません。社会は、いまのやさしさを永遠に続けることができるわけではないのです。

非在宅校内型の不登校は、不登校数とはカウントされない隠れた不登校です。現在は保健室もスクールカウンセラーの相談室も、五分でも顔を出せば出席として見なされます。教育相談室も児童相談所も病院の相談室も適応指導教室も同様です。また近年は、訪問相談制度や自宅授業制度も導入されて、学校や相談室に行かなくても出席として認められます。このような多様な選択肢が用意されたこと自体は悪いことではないのですが、一方に大量の便乗組を発生させてしまったなどのリスクもあり、それは無視できません。その子たちは家庭教育や学校教育から見放され長期に放置されているのですが、家庭も学校も社会も本人もそのことに気づいていないのです。この子らは、いわば社会的に存在しない子どもたちなのです。

非在宅校外型は従来の非行型不登校の一部です。非在宅校外型の子どもたちの行動範囲は、軸足を学校区においていて、友達もほとんどが学校の関係です。もう一方の非行犯罪型の関係者は広い地域の特定の場で知り合った仲間と交流をもち、その仲間は年齢や経験にも幅があります。二つの型はとくに家族の構造が異なります。非在宅校外型は、家族が機能不全状態とはいえ、まだ回復の可能性が残っています。非行犯罪型は、すでに家族が解体しているか、むしろ家族の存在そのものが子どもにとって害になっています。

学校との関係にも違いがあります。非在宅校外型の子どもたちは学校との関係を維持し、教師との接触を望んでいます。一方、非行犯罪型の子どもは学校との関係が切れていて、担任に期待もしていないし何も求めていません。非在宅校外型は近年の教育制度の落とし子と言えます。

非行犯罪型の不登校は、現在の社会や家族の様相を映し出して多様化しています。そして先端機器を使った犯罪や新しい性非行など、対応が困難な事例も多くなっています。殺人などの重大な事件に巻き込まれる件数も増えています。ですから学校がかかわりがもてる不登校の初期の段階で適切に指導をおこないたいものです。

以上のように現代の不登校は多様な形態があり、またそこで見えてくる症状は多彩で混沌とした深刻な内容です。このような現代型の不登校に解決の決め手がないというのはしかたのない現実でしょう。不登校とひとくくりにしえない、多様性を特色としているのです。したがって、現代の不登校の援助は、それぞれの不登校の特色に合わせておこなうことになるのです。

8 現代の不登校と援助のかたち

ここまで何度もふれてきたように、現代の不登校は多様性に富み、変化に富んでいます。それだけに対応は困難で、何を解決のよりどころにしていいのか、ベテランの援助者でもわからなくなることがあります。

先に私は、父親を中心においた解決方法を提案しています。なぜなら現代の不登校の問題の背景に、父親の不在が考えられるからです。先に紹介したたくさんの事例を思い出していただけるでしょうか。どの型の不登校も父親の存在が見えてこないではありませんか。見えてくるのは、不登校に孤軍奮闘している母親と、熱心な援助者ばかりです。

しかし不登校と父親の不在の問題は、専門家のあいだでは相当前から繰り返し指摘され、それに応じて援助の現場では数多くの父親が登場しはじめていることは事実です。たしかに、不登校の問題を解決するための父親の役割の重要性はだいぶ知られるようになっています。しかし、父親の役割の認知が進んだとはいえ、実際に父親が不登校の子の問題解決に役に立ったかというと、そう多くはないのが現実です。なぜでしょうか。解決のための父親の役割が抽象的で何をどうしたらいいのか父親自身がわからないから、それが理由の一つです。また、解決のために長期間にわたり父親を拘束するという現代の援助の方法も問題があります。この不況の時代に長期に拘束されるのは父親にとって、ひいては家族にとっても死活問題です。そのために、子どもの再登校をあきらめる父親も実際にいるのです。

私は、「第二の出産」という概念を使って短期に不登校を解決する方法を提案しました。詳しくは前著『不登校と父親の役割』をお読みいただければと思いますが、ここでは類型に沿って援助の方法を具体的に提案します。不登校のかたちによって対応の方法が異なることを、ぜひ理解していただきたいのです。

医療型への対応はどうすればいいのか

医療Ⅰ型・Ⅱ型で子どもに幻聴や幻視などの妄想、あるいは強迫症状などの神経症状が見られたら、すみやかに相談機関に相談するなり児童精神科の医師に治療を申し込むことです。医療型は、時間が経過したらよくなる、とは考えられません。早期発見・早期治療が求められます。まず専門家の意見を聞いて子の状態の把握に努めてほしいのです。入院治療が必要な子もいます。子が自傷他害を起こさないように防止しなくてはなりません。いちばんにつらいのは子ども自身です。学校の復学は本人の状態によってまったく異なりますが、精神科に入院していた子どもが復学した例はあります。医療機関や相談機関や学校との調整が重要な鍵となります。

Ⅲ型・Ⅳ型は小児科・精神科医師の意見を聞いたうえで、子どもの状況が安定したら登校を考えることは可能です。メンタルフレンドなどの制度を利用して社会との接点を維持していることが求められます。また、病院内に設置されている院内学級にかよって社会性を保っておくことも大切です。しかし無理は禁物なので、医者と相談しながら進めましょう。とくにⅣ型はさまざまな症状がありります。不登校の初期症状とまぎらわしい症状もあります。早期の対応を間違えないようにしてください。専門医もいるので、養護教諭やスクールカウンセラーから情報を得て的確な行動をとってほしいものです。あきらめることはいつでもできます。まずは可能性を閉じないことです。

在宅自閉型への対応はどうすればいいのか

在宅自閉型は、一般的に引きこもりと呼ばれています。私が自閉型と呼ぶのは、解放型と対比しているからです。在宅自閉型のⅠ型は周囲の対応いかんで医療型に移行し、Ⅲ型は解放型に移行します。引きこもりが長いほど社会適応力が減退して、学校などへの復帰は困難になります。しかし子の症状は環境に影響されやすく、症状と期間はあまり関係はありません。在宅自閉型のなかには親の登校禁止も見られます。また登校しないと宣言する親子もいます。両者の扱いはむずかしく、関係者間でこじれる場合もあるので援助者は注意が必要です。

援助は子の状態の把握から始めます。妄想などの精神症状、神経症の症状がないか確認します。なければ生活全般を観察します。偏った食事や昼夜逆転の生活があれば改善したほうがいいでしょう。家事の分担は健康な生活を取り戻すいい機会となります。家族会議を開いて、家事の分担とそれに見合う小遣いの額を決めるといいでしょう。小学生の場合、テレビやゲームの使用時間を父親が管理するといいでしょう。以上を合意に達するまで家族と話し合うのです。これがけっこうきつい作業で、中途半端な気持ちでは成功しません。合意に達したら援助者は、実行を確認する作業があります。最低三ヵ月間は、父親は家族から目が離せません。

別の方法として、メンタルフレンドの制度や自宅授業制度あるいは訪問指導制度などを利用して自宅に家族以外の人物を登場させ、社会の風を引き込むといいでしょう。児童相談所・教育センター相談室で協力を得るといいでしょう。地域によっては制度が整備されていないところもありますが、そのさいは家庭教師を派遣してくれる民間の学習塾が便利です。有料ではありますが、子どもが納得するまで人選ができます。しかし肝心なのは、親が子の不登校を本気で解決したいかどうかです。親が解決のために具体的に行動しようと決心していれば、家族は変わるし子も変わります。

再登校の実施の目安として、三ヵ月間の引きこもりだと二日間、半年だと一週間、一年だと十日間。一年以上だと二十日から三十日はかかります。それだけ親は子の登校に連れ添う覚悟が必要です。登校に連れ添うのは関係が薄いほうの親とします。たいていの場合は父親がそれに該当します。この親の役割を、担任や家庭教師に頼んではいけません。子は家族が変わるのを期待しているからです。親は子が変わるのを期待していますが、子は子で親が変わるのを期待しています。それを忘れてはいけません。

在宅解放型への対応はどうすればいいのか

在宅解放型の子どもは、在宅で明るく不登校をしています。新しい不登校であるといわれていますが、それゆえに対応の方法はないとされています。研究者によっては現在の不登校の大半がこのかたちの不登校であると指摘していますが、私も同様の印象をもっています。このタイプは早期に学校への復帰を促すことで、不登校の慢性化や深刻化を防ぐことができます。しかし先に述べたように、あくまでも親が主導でなければ解決は困難です。なぜならこの型の不登校は、親の役割が混乱していて見えなくなっていると考えられるからです。

とくに父親の存在が子どもに見えていません。親はいても子どもと友達になっているか、子ども以下の召使いになっているか、あるいはまったくの不在かのどれかです。私は、親が親になればこの型の不登校の問題は解決すると考えています。親としての責任を全面に出して行動することが解決の決め手になります。

在宅解放型のI型は自閉型と接近しています。Ⅲ型は非在宅校内型と接近していますが、なんらかのきっかけで子はどちらにも容易に移行します。解放型にとどまっている間は解決は比較的に容易ですが、自閉型や校内型に移行すると対応は困難で、解決にも時間がかかります。

解放型の解決の方法は、父親が自分の責任で子を学校に連れていく、ただそれだけです。父親が子を学校教育の場に戻す、本当にそれだけです。

具体的な方法は登校に連れ添うことですが、そのさいは殴ったり脅したりしてはいけません。くれぐれもその点は注意していただきたいのです。そのとき、子どもと話し合うとこじれます。話さないほうがうまくいきます。その場で子どもと話すと、父親の意志や責任が揺れてしまいます。説得して子どもを学校に連れていく、という以前のパターンを繰り返すことになってしまいます。その方法がうまくいかないからいまがあるのだと考えていただきたいのです。うまくいかない方法を繰り返してはいけません。

説得して、子どもの了解をとりつけるのは一見民主的にみえますが、最後の責任は子にある、と親が押し付けていることでもあります。説得のパターンは繰り返し不登校の子の家庭で起こっていることで、親の責任が見えてきません。ですから解決としては、親の責任で行動を選んだことを子どもに印象づけることが重要です。

子が「なんでだ」とねじ込んでくるときは、子のパワーが父親以上になっている証拠です。家のパワー構造を父親中心にしないと、父親の責任の遂行はできません。家族のパワー構造に関しては前著『不登校と父親の役割』の、「解決におけるパワー」の節（一八三ページ）を参考にしていただければと思います。

また登校時、じっと待っていても子は動きません。初日は子を担ぐか車に乗せて学校に連れていくことをおすすめします。詳しくは『不登校と父親の役割』の第4章「不登校の解決の構図」の、解決のステップの項（一四二ページ）を参考にしてください。子どもの抵抗は予想されますが、それは当然のこととして受け止めてほしいのです。在宅の居心地のいい生活を子どもが簡単には手放したくはないのは当然でしょう。

解決は解放型だと自閉型より短期ですみますし、復帰後も学力の遅れなどの二次的障害が軽くすみます。友達関係も回復が早いし、以前よりも元気に登校することが多いのです。子は不登校のつらさから解放されるので元気になります。手順としては自閉型と同様ですが、家族会議も困難でなく家事の分担もスムーズにできるでしょう。不登校を開始した学期のうちに、あるいは学年のうちに再登校をすることを目安にするといいでしょう。

非在宅校内型への対応はどうすればいいのか

非在宅校内型——保健室や相談室に登校している子どもたちの対応はたいへんに困難です。まず、親が介入できる範囲が半分に減ります。学校のなかに入っていって養護教諭やスクールカウンセラーや担任や生活指導の教師などの合意を得たうえで、教室に連れていくことをしないといけません。それはまずもって実現が困難です。大半の学校関係者は、不登校の子にはやさしく接しなくてはいけないと思っていますし、文部科学省や教育委員会からそのような指導を受けています。子に無理をさせてはいけないと指導を受けているのです。

だから親が学校に乗り込んで、相談室などで明るく生活している子を引っぱって教室に連れていこうとするのを、大半の教師は反対します。しかも子は悲鳴をあげて親に抗議し、養護教諭らに助けを求めるので、親の立場はありません。親はあきらめてそのままにしてしまいます。いったん保健室などの特別な扱いに子が慣れてしまうと、多人数の教室の授業が苦痛になって、逃げ出したくなるのです。普通の生活に戻れなくなっています。

私は、養護教諭やスクールカウンセラーらが悪いと言っているのではありません。しかし両者には専門家としての役割がほかにあります。両者は教科の担当ではないし、集団による社会性を教育する立場でもありません。いくら両者ががんばっても子は集団の公教育からはずされることになります。また家庭は学校に子を預けていると思っているので、子が学校でどのような生活をしているかほとんど知りません。結果、子は公教育からも家庭教育からもはずされた状態になります。義務教育が終わると、この子どもたちの行く先がないのです。

正直に言って、校内型の不登校は、校外型の不登校よりも、自閉型の不登校よりも対応が困難です。誰も子の将来の生活の問題に言及せず、誰もがやさしさのなかで現在の子の学校生活の問題に直面していません。不登校の問題の解決を先送りにし、不登校の問題の解決の責任も曖昧にし、しかもいいことをしている気分を共有しています。第4章で校内型不登校の家族の取り組みの実例を詳しく記述したので、参考にしてください。仲よし五人組のなかで、高校生活を継続したのはB夫の事例だけだからです。そのB夫の父親の行動は参考になるでしょう。

非在宅校外型への対応はどうすればいいのか

非在宅校外型の子どもは、茶髪にピアス、タバコをふかしながら腰巻きにズボンをはき、シャツをだらしなく着用し、ペットボトルの飲料水を持ちながら座り込み、仲間が下校してくるのを待っています。集団で行動しカラオケボックスやゲームセンターへ繰り出したりしますが、めったにそれ以上の悪いことはしません。圧倒的に男子が多く、女子は少数派ですが近年増加傾向にあります。子どもたちの家庭は中流の平均的な家庭です。ただ、父親が不在がちで母親は子に甘い傾向にあります。この子どもたちへ対応は先に述べた校内型に比べると困難ではありません。子どもはどこかで父親を求めているからです。この子どもたちのなかには出席停止などの処分を受けている者がいます。その場合は親は学校との調整が必要になります。しかし、数としてはそう多くありません。

父親が、責任と意志を強くもち、子を教室に入るように指導すれば、簡単に直ってしまうことも多いのです。集団と切るために、父親が子と一緒になって時間を過ごすことが必要な場合もあります。父親が子どもとどれだけ接近できるか、どれだけ本気になって子の将来を考えることができるか、これで予後はまったく異なります。具体的な対応は父親の「第二の出産」の概念を適用します。父親は言葉よりも行動で子に対峙しなくてはなりません。校外型のⅢ型には、警察署の青少年センターや児童相談所などの援助が必要でしょう。

非行犯罪型への対応はどうすればいいのか

この型の不登校への対応の中心は、家族ではなく担任や生活指導の教員、また警察の少年課の相談員や児童家庭相談員です。子どもたちの家族の多くは解体しているか、家庭として機能していない状況で、子の問題解決の資源にならない場合が多いのです。逆に、解決に悪影響を与える親もいなくはありません。それに、親はまずもって進んで相談には来ません。また本書を読むような状況や環境にいません。全部とは言いませんが、そのような傾向にあると私は実感しています。したがって、この型の不登校への対応は、子に関係する援助者らに向けて伝えます。

この型の不登校の子どもたちは人との関係を求め、さらに教育を求めています。基本的な対人関係上のスキルや基本的な学力も不足していて、本来はより手厚い教育が必要な子どもたちです。家庭教育に恵まれなかった彼らは、学校教育にも恵まれてきませんでした。だからこそ教育を希求しています。しかし彼らのコミュニケーション能力は開発されていないので誤解されやすく、教育の場からは排除されてしまいがちです。

援助の方法は子によって異なりますが、登校よりもまず、生活の立て直しが目標になるでしょう。福祉施設への入所も方法の一つです。青少年センターの相談員や児童相談所への相談をおすすめします。

9　現代の不登校への対応をまとめてみると

以上のように在宅解放型の段階での解決がいちばん容易であり、次に在宅自閉型、校外型と続きます。在宅自閉型は、医療や相談機関との連携のうえで段階的に再登校を検討することになります。反対に校外型は家族が中心で、親の意志と責任のもとに解決を実行していくことになります。ただ校内型は親の意志と責任で実行していくことが基本ではありますが、その前に学校など関係者の合意をとりつける必要があります。だいたいは関係者に反対されるので、親のそれなりの覚悟、理論武装が必要になります。医療型は医療関係者と、非行犯罪型は司法の関係者との協働のうえで段階的に再登校を検討することになります。医療型と非行犯罪型の両者は、再登校が当面の目標にならないかもしれません。

いずれにしても、在宅解放型の段階で解決を実行しておきたいものです。慢性化や重症化する前に、親の意志と責任で解決を実行したいものです。不登校は、子どもの心が原因で起こった問題ではありません。原因はわかりません。さまざまな要因は考えられますが、原因は特定できません。

原因探しをせず、どこを変化させれば不登校の解決が可能であるかを考えようではありませんか。まず変化の可能性があるのは家庭生活です。家庭生活から変化を志向するのが私の基本となる考えです。

さて次の章では、ここまでで対応が困難であると述べた非在宅校内型の事例をあげ、援助の経過から課題を抽出して検討します。保健室などの登校の配慮が裏目に出る事態――非在宅校内型の不登校――に緊急に対策をたてる必要があります。

第4章　校内型不登校の援助の実態と課題を考える

これまで詳しく述べたように、現代の不登校は大きく分けると六型あります。対応は子どもの状態によってまったくといっていいほど異なります。再登校を積極的に促すのがいい子、登校刺激してはいけない子、登校を考えるよりも生活を立て直す子、健康になることを優先する子とさまざまです。しかし、教室から見た子の状態だけでは、どの対応がベストかの判断ができない場合が多々あります。むろん相談室や病院の診断室でも同じで、そこから見える子どもの姿はほんの一面にしかすぎません。

子どもは生活のさまざまな側面でさまざまな顔をもっています。家族からの情報は貴重ですし、また友達や関係者からの情報も重要です。現代の不登校の援助は、心理的な側面を含む生活の全般からのアプローチが必要です。生活とは家庭生活と学校生活です。学校と家族と相談機関が連携して、子のよりいい今後を検討していかねばなりません。

パーソナルな場としての学校や相談機関、インパーソナルな場として家庭はそれぞれの役割をもっています。パーソナルな場の学校では担任・養護教諭、生活指導教論・スクールカウンセラー・

教頭・校長などの役割の再確認は必要でしょう。近年は関係者間に「やさしさ競争」のような現象が見られます。そうした環境のなかで子どもは「やさしさをつまみ食い」して関係者を渡り歩くことも見られます。関係者を振り回すこともあります。このことは子どもの将来の生活に重大な影響を残す可能性があります。注意しなくてはいけません。

インパーソナルな場としての家庭は両親と子ども、父親と母親、祖父母と両親の役割の見直しが必要です。不登校の背景には、いつまでも両親を子ども扱いにする祖父母、いつまでも子どもを赤ちゃん扱いする両親の、三世代にわたる自立の問題をかかえている家族も少なくありません。そうした家庭では生活のあらゆる場面で自立が阻害されており、子の社会性や対人関係上の発達が遅れがちになり、対人関係上のささいなできごとにも過剰に反応し、登校できなくなってしまうのです。過剰な保護は子のためにならないどころかやさしさの虐待に該当する場合があるので注意が必要です。

また近年、父親の不在と不干渉が子の問題の背景にあるのではないかとする指摘を多く見受けます。私も二十年にわたる臨床経験から、父親の不在が子どもの問題行動におよぼす影響の重大さを痛感しています。しかし、だからといって父親が悪いと言っているわけではありません。父親が不在なために家族システムが子どもの自立を阻害する面が出てしまう点に父親は配慮する必要があると言いたいのです。母親は懸命に子育てしてきたものの、子どもが成長してくると母親の経験の範囲で子を導いていくことができなくなってきます。父親が必要なのです。とくに男子は父親の存在が男性のモデルになりますが、たんに父親の後ろ姿を見せてもいまは役に立たないのです。父親は行動で父親であることを証明していかなければならない時代になっています。

さて本章では校内型不登校の援助の経過に焦点をあて、校内型不登校の問題に迫りたいと思います。校内型の不登校は、この十年間に大幅な増加があったと私はみています。しかし実態は誰も知りません。この子どもたちは隠れた不登校であって、社会的には存在しないとされる子どもたちです。だから対応方法も検討さえされていません。また、学校内で放置された状態であるにもかかわらず、家庭からも放置された状態です。まずは事例をもとに検討をしていきます。

1　校内型不登校の事例と援助の経過

登校はしていても教室に入らず、集団で廊下や階段にたむろってタバコをふかしたり、ガムを噛んだりしている生徒の存在をご存じの方は読者のなかに、どのくらいいるでしょうか。あるいは相談室や保健室に好きなときに登校し、好きなことだけして好きな時間に帰宅している生徒の存在を知らない人はどの程度いらっしゃるでしょうか。

なかには本当に心理的な配慮を必要とする生徒もいることは事実ですが、これらのほとんどは、便乗型の自称・体調不良の集団です。むしろ心理的な援助が逆効果になっている生徒さえいます。しかし、そのことはあまり知られていないことでしょう。子どもの心理的な援助よりも家庭生活への介入、あるいは親の心理教育的なはたらきかけが必要な子も少なくありません。しかしそういう認識も援助者のあいだではあまり口にのぼっていないかもしれません。

　近年の不登校のなかには旧来の温かく接する、刺激しないで見守る、時間をかけて変化を待つなどの援助の方法に合わない型が出てきているのはみなさんご存じのとおりです。しかし、その校内型不登校の子どもたちの存在そのものが社会的に認知されていないために、社会的な援助策も立ち遅れているのが現実だといえます。むしろ保健室や相談室への登校はいいこととされ、廊下や階段でも登校することができるのならすばらしいこと、と一般的には思われています。

　繰り返しになりますが、親も子どもが登校しているため問題とは思っておらず、また担任も保健室や相談室が関与しているのだから悪いようにはならないと考え、また本人もなんら問題とは考えていない場合が多いのです。むしろ「いいことしている気分」や「時代の気分」と勘違いし、養護教諭やスクールカウンセラーにとっていい子を演じている例もあります。次の事例は、私が公立の相談機関で約二年間かかわった校内型不登校の援助のケースです。

仲よし五人組が起こしたペンキ事件

　当時、K中学の二年生だった仲よし五人組は、現在はもう大人になっています。九月の中旬、四人の母親がそろって私の相談室になだれ込んできました。二学期が始まったある日、仲よし五人組は教員用の車のフロントグラスに、用務員室から失敬したペンキを塗りたくったそうです。ペンキを塗られた車は数台ありました。車の持ち主は、生徒のあいだでうるさいと有名な教員でした。

　犯人はすぐに割れました。授業中にペンキを失敬できる生徒は限られていたからです。五人は校長室に呼ばれ、聞かれるままに素直に犯行を認めました。すぐに家庭に連絡が入って、四人の母親が呼ばれました。正確には五人の子の親が呼ばれましたが、一人の両親は離婚していて、父親は仕事で学校に行けませんでした。四人の母親は、そのなかのA夫の母の提案にしたがって私の相談室にやってきたのです。校長が「もう一度このような事件をおこしたら転校してもらいます」と四人の母親に宣告したからでした。

じつは仲よし五人組は保健室と相談室の登校を続けていました。A夫とB夫はほぼ一緒に教室拒否をするようになっていましたが、C夫とD夫はA夫たちに引きずられるように教室に登校しなくなりました。E夫は以前から断続的な不登校があって、ときどき保健室に登校していました。A夫はE夫の登校の仕方をうらやましく思っていました。五人は同級生で部活が一緒でした。席も近くで家も近くでした。五人は、教室にいると授業を妨害するので、担任は保健室や相談室に行くようにすすめました。「勉強が苦痛ならば無理しなくていい」と担任はやさしく話したのです。

K中学の保健室には四十代後半の養護教諭が、そして相談室には大学の心理学部を卒業したばかりスクールカウンセラーがいました。どちらもお茶などを出して仲よし五人組の話をやさしく聞いてくれました。だから仲よし五人組は最初は喜んで相談室などにかよっていました。しかし、そのうち退屈しはじめ、相談室などを抜け出しては教室に面した廊下に座り込み、教室に向かってヤジをとばしたり、窓の隙間から消しゴムを教室のなかに飛ばしたり、携帯電話で授業中の級友を呼び出すようになりました。五人組はそのような生活を約一年半も続けていたのです。

K中学には体育会系の巨体の教員が一人いて、棒を持って校内を巡回していました。仲よし五人組は体育会系の教員が苦手でした。だから仲よし五人組は体育会系の教員に見つからないように工夫して行動していました。しかし運悪く授業妨害をしている現場を見つけられると、その教員は特別に大きな声で怒鳴り、棒を床に叩きつけて大きな音をたてて仲よし五人組を脅かしました。その大きな音に五人組は震えあがったものです。

今回のペンキの事件もすぐに五人組は白状して、体育会系の教員の前でちぢみあがり、親が来るのを首を長くして待っていました。四人の母親はたびたびの学校からの呼び出しにうんざりしながらも、うなだれている子どもを見ると不憫でしかたありませんでした。

それでは仲よし五人組の個々のプロフィールを見てみましょう。

・A夫　会社員の父とパートと母と弟の四人家族。一戸建てを購入して入居していた。父親は穏和で物静か、母親はやや心配性ながらもやさしい印象がある。A夫と弟は小学校のころは身体が弱く休みがちだったが、当時も断続的な不登校の状態があった。A夫も弟もつねに学校から特別な配慮をもらっていた。そのため母親はPTAの役員を引き受け、地域の子ども会の役員も引き受けていた。

・B夫　団体職員の父とパートの母と妹の四人家族で、一戸建てを購入して入居していた。知的で優しい感じのする父親と、美人で落ち着いた感じの母親。B夫はA夫の家の近所でもあったことから、A夫の不登校のときの連絡係や世話係をしていた。面倒見のよさと人柄のよさは近所でも評判で、人が困っているのを見ると自分のことはさておいても助ける面があった。「B夫は本当はいい子なのに」と両親はとまどっていた。

・C夫　会社経営の父と専業主婦の母と年の離れた弟の四人家族。一戸建てを購入して入居。しっかり者で律儀な父親と家を守る賢い母親の組み合わせである。C夫は小学校のころは成績がよかったが、私立中学の入学試験に落ちて地元の中学にかよいはじめてからA夫らと付き合うようになった。今回の事件は、A夫らが廊下で授業妨害をしていたときに体育会系の教師に見つかり怒鳴られたことがきっかけで、むかつくから仕返ししようということになり、ペンキを用務員室から盗み出して教師の車のフロントガラスに塗ったのだった。五人のなかでC夫がいちばん大柄で教師の目にとまりやすく、何かにつけてC夫が叱られる損な役回り、と母親は述べた。

・D夫　会社員の父とパートの母と高校生の姉の四人家族。公団の集合住宅に入居していた。積極的で外向的な父親と静かで美人の母親の組み合わせだ。D夫の父の会社は業績の悪化が続き、倒産の危機にあった。D夫は部活のキャプテンで、仲よし五人組のリーダー的存在だった。D夫は中三の一学期に推薦で高校の入学を決めた。三年の二学期からはD夫はほかの四人とは別行動をとるようになった。

・E夫　当時も断続的不登校であった。両親はE夫が小学校の入学前に離婚して母親とは交流がない。父親と二人で生活していた。父親は会社員で家は一戸建ての持ち家。E夫の家はA夫たちの家と十分ほど離れた地区にあった。E夫はA夫たちと仲よしだったが、D夫がリーダーだったときは表面に出ない存在だった。D夫が早々に高校を決めて仲よしグループから脱退したあとは、E夫がリーダーになった。

私がこの母親たちと面接を開始した直後の十月、母親たちは再度、学校から呼び出された。ペンキ事件のことをネチネチと言う教師に腹をたてた仲よし五人組は、放課後に校舎のガラスを数枚割り、トイレのドアに蹴りを入れて破損させたのである。前回のこともあり、校長は緊急職員会議を開催して、善後策を話し合った。五人の親に、「相当の覚悟をしてください」と言いわたした。

私のもとに、学校の生活指導教諭と担任と体育会系の教員が訪ねてきた。この校舎破損事件のときもC夫の逃げる姿が目撃されて仲よし五人組は校長室に連れていかれ、あっさりと白状をしている。学校側は私の判断を聞いてからA夫らの処分を決めたいと言ってきた。私は、「まだ相談が開始されたばかりなのでしばらく時間がほしい」と学校側に伝えた。

四人の母親は次々と父親をともなって相談室に来所した。A夫の父親は困りきった顔をしていたが、穏和で物静かだった。B夫の父親は落ち着いた物腰だったが、憔悴した表情を隠しきれなかった。C夫の父親は緊張した面もちで、具体的に何をどうしたらいいのかを聞いてきた。D夫の父親は単独で動くことの限界を述べ、緊急に五家族が会議を開いて対策を練る必要があると言った。単独で訪れたE夫の父親は疲れきったを表情をし、アルコールのにおいをただよわせながら、「自分にできることはない」と言葉少なめだった。

その三日後、E夫の親を除く四家族の親たちはホテルのレストランで集会を開き、D夫の父の提案で四家族八人の親が順ぐりに学校に出向き、A夫たちを監視することを決めた。四家族八人の親は仕事の都合をつけて順ぐりに校舎内の巡回をするようになった。それによって、仲よし五人組は教室に入るようになった。

そのかいがあって、二年の二学期と三学期は五人組は無事に過ごせた。仲よし五人組は勉強に励むようになっていったのだ。仲よし五人組は三年に進級し、別々のクラスになった。私と親たちの面接も終結となった。ちなみに面接の終結直後に校長と体育会系の教員の異動が発表されている。

これで終われば万事めでたしなのだが、三年になって別々のクラスになった仲よし五人組は、進級直後の進路適性試験でそれぞれが窮地に立たされた。一年と二年の授業を受けていないので学力が低く、進学する高校が見つからなかったからである。新しく着任した進路指導の教師は、五人の学力の低さを嘆いた。五人は教室に戻ったものの、成績はクラスの最下位で、とくに数学と英語はまったくといっていいほどできなかった。

D夫がグループから離れる

仲よし五人組は、教室に戻ったもののクラス内では孤立し、勉強にも興味がもてずにいた。そのような五月の連休すぎに、D夫の推薦入学の話がもちあがった。D夫は部活のキャプテンをしていて目立つ存在だった。D夫の父親は、仲よし五人組との交流を断つようにD夫に強く求めた。D夫は五人組から遠ざかって電話にも出なくなった。残りの四人が訪問しても、父親がD夫に会わせなかった。当時、D夫といちばんの仲よしだったA夫はショックを受け、登校する気力を失って家に引きこもった。A夫は、小学校のころから人との関係で不安定になりがちなところがあった。

A夫の不登校は当然にB夫にも影響した。B夫はA夫のことを心配し、C夫とともに不登校状態になった。A夫とB夫は家にいることに飽きると登校してきたが、今回は相談室や保健室には行かずに、体育館や物置小屋の屋根に登ってC夫やE夫の合流を待っていた。そしてときどき、授業中のC夫とE夫に携帯電話をかけ、早く出てこいと呼び出したり誘い出したりした。C夫やE夫は引きずられるようにしてしだいに教室から抜け出した。

ぼや事件

そのような四人組に落ちこぼれのメンバーが加わり、十人ほどのグループができていた。グループは放課後、校庭の隅に集まってタバコをふかしたり、スナック菓子などを食べていた。そして期末テストを控えた直前、グループは新聞を燃やして遊びはじめた。火は校庭の雑草にも燃え広がった。ぼやそのものはたいしたことはなかったが、夜だったため目立ち、近所の通報で消防車がかけつけた。そのとき、逃げるB夫の姿が近所の人に確認された。B夫たちの親がふたたび学校から呼び出された。三人の親は再度、私へ面接を申し込んできた。

ぼや事件は消防車が来てしまっただけに、ことは重大になった。三人の親はショックを受けて面接室で消沈していた。しかしもっと驚いたのはA夫、B夫、C夫の三人で、消防署所員や警察官を前にガタガタ震えていたという。帰宅後も親が心配するほどダメージを受けて、しばらく自室に閉じこもって登校もできなくなった。

私は学校と連絡をとり、一方で父親たちにはたらきかけて父親が子どもたちを登校させ、期末テストを受けさせる手はずを整えた。四人は父親とともに登校し、神妙な顔をして期末テストを受けた。不思議なことに、期末テストの結果は周囲が驚くほどよかった。四人ともクラスの最下位から脱し、成績は大幅にアップしたのである。その結果に、親はもとより教師も養護教諭もスクールカウンセラーも驚きの声をあげた。しかしもっとも驚いたのは仲よし四人組の子どもたち自身だった。そしてなぜか今回のぼや事件は帳消しになった。

中学の三年の夏休みはそれぞれが別の塾にかよい、仲よし四人組の交流も以前のように頻繁ではなくなった。仲よし四人組は以前のようなやさしい顔になっていった。しかしE夫は残り三人とは家族の状況が異なっていた。父親から「高校に行かせるような余裕がない」と言いわたされたのだった。E夫の父親の勤める会社が不況から賃金カットになり、家のローンを払うことも手いっぱいで、とても高校の授業料どころではないと父親は嘆いた。E夫はショックを受けた。しだいに仲よし四人組の輪からE夫は遠ざかっていった。

当初の仲よし五人組はD夫が推薦入学で離れ、E夫が就職という進路の違いから脱落し、結果的に三人組になってしまった。三人は三年の二学期を迎えていた。それぞれが別の塾にかよってそれぞれ別の高校の入学を決めた。受かった高校は中堅どころの私立の高校だった。合格の知らせには親や学校関係者だけでなく、私も驚いたものだった。

花吹雪

A夫、B夫、C夫の仲よし三人組は卒業式の前日、帰宅しなかった。三人の親は車や自転車に乗って子どもたちの行方を捜した。しかし見つけることはできなかった。親たちは不安なまま卒業式に参加した。式場で卒業生のなかにA夫たちの姿を見たとき、三人の親はホッとした。しかし式も半ばになるとA夫、B夫、C夫の姿は会場から消えていた。三人の親たちはうろたえた。複数の教師もそれに気づいて場内を探しはじめた。

会場には式のために練習をつんだ合奏が静かに流れていた。女子のすすり泣く声が響いていた。そのときである。その生徒らの上に花吹雪がヒラヒラと降ってきたのである。生徒らが見上げると、体育館のいちばん高いところでA夫、B夫、C夫の三人が花吹雪を降らせていた。花吹雪は三人が徹夜で用意したものだった。

三人は親ともども校長室に連れていかれた。花吹雪をまいた場所は高所で危険なため、立ち入り禁止の区域だった。三人の親と子どもたちは校長らにこっぴどく叱られた。親たちはしおれたA夫たちを連れながら中学をあとにした。歩きながらB夫の父親が、「なぜあんなことをした」と聞いた。三人はしばらく黙っていたが、B夫がぼそりと「ありがとうよっていう意味だ」と答えた。二回目の面接の終結を迎えた。

仲よし五人組が復活?

ところが二回目の終結から半年後、高校の一年の秋学期にB夫の母親から三回目の面接の申し込みがあった。D夫が登校していない、A夫が影響を受けてB夫も引きずられて不登校になっているという内容だった。D夫は推薦で入学を決めたものの、高校にはおおぜいの強者が全国から集まっていて、D夫は冷遇された。D夫は冷遇されたことに腹をたてて登校の意志をなくし、休みはじめた。D夫が好きで一緒にいたいと思っていたA夫は同情して、D夫とともに休みはじめた。そしてB夫の携帯電話に電話をかけてB夫を誘った。B夫は最初はA夫たちの誘いを断っていたが、駅前で下車してくるB夫を何時間も待っているA夫とD夫を無視することはできなかった。そしてB夫たちは今度はC夫を駅前で待つ生活をはじめた。しだいにC夫も合流した。当時E夫は無職の状態だった。E夫の家に仲よし五人組は集合し、夜にE夫の父親が帰宅するまで酒やタバコを飲んでいた。

B夫の両親は再度A夫・C夫の親たちと連絡をとった。A夫たちの登校を共同で促そうと呼びかけた。しかし、おりしもの金融不安が広まったころで、父親たちは会社を休むゆとりはなかった。A夫とC夫の父親は「もうどうしようもない」とあきらめた。しかしB夫の父親はあきらめきれずに、自分一人でも立ち上がろうと決心し、引っ越しという手段によってB夫を四人組から引き離した。結果的にB夫は土地を離れ、高校にかよいとおし、大学に入学している。二年におよぶ私の面接はここで終了している。

2　この事例をどうみるか

さて、この事例から読みとれることはなんでしょうか。仲よし五人組は中学の一年の二学期から校内型の不登校状態にありました。一年半も保健室や相談室に登校しています。養護教諭もスクールカウンセラーもやさしく、五人組は喜んで登校していました。しかし、そのうちに飽きてきて教室に面した廊下に座り込み、教室にヤジをとばしたり、消しゴムを投げて授業の妨害をしています。それを体育会系の教員から怒鳴られ、その腹いせに車のフロントガラスにペンキを塗りたくったのです。その事件をきっかけに仲よし五人組の親は私のもとに相談に来ています。

ペンキ事件をきっかけに、外部の相談機関と仲よし五人組の親と学校がつながりました。親は学校の対応に疑問をもちはじめていました。しかし、具体的にどのようにしたらいいのかわかりませんでした。悪いのは自分たちの子であるのは確かだったからです。でも、保健室やスクールカウンセラー室に登校することが子どもたちの将来にとっていいことだとは考えられませんでした。かといって、行くなと禁止することもできませんでした。

じつは学校側も考えあぐねていました。困ることをたびたびしでかす子どもたちではありましたが、どこか憎めないやさしくて素直な面があったからです。このまま保健室や相談室の登校を認めていていいのだろうかと教師たちは話し合いました。学校は、親が私と相談を開始したのを知ると次々と相談に訪れ、自分たちにも指導がほしいと言ってきました。

こういう事情もあり、親が順ぐりに校内の見回りを開始したときは、当然のように学校側も五人が教室で授業を受けるようになるまで全面的に協力したのです。ある教師は、五人がこっそりと教室から抜け出そうとする瞬間を父親が仁王立ちして叱責してとめた様子を、私に電話で報告してきています。父親たちの巡回は一ヵ月半と短い期間でしたが、その後は学校側の引き継ぎがあったのは言うまでもありません。それがあったからこそ五人組は教室に戻り、卒業までこぎつけたのです。その後、いくつかの事件を起こしながらも、五人組は非行の傾向を強めるでもなく中学生活を全うしました。

ちなみに五人組の生育歴は、A夫が幼少時に病気がちだった点を除いては、特記することはありません。比較的にいい子で、小学校のころは成績も普通以上でした。性格では、どちらかいうと自我の発達が弱く、集団に押し流されてしまう傾向が五人組に共通に見られましたが、近年の子どもたちは多少そうした傾向があるので、五人組が特別な集団とはいえませんでした。むしろE夫を含む五人組は、いまの日本を象徴する集団であるともいえました。

五人組の家族の共通点としては一戸建てを購入して入居している点、高卒以上の学歴、核家族できょうだいはほかに一人という、この国の都市型の家族の平均的な、あるいはそれ以上の形態を示していました。E夫の両親が離婚し、また父親の会社が不況のあおりで賃金カットされていましたが、そうした動きも現代の日本社会の動きを象徴しているといえましょう。

母子関係を見ても、E夫を除く子どもたちの母親は懸命に子育てしていて、とくに問題になることは見あたりません。むしろ愛情を注いで育てたほうでしょう。父子関係を見ると、どちらかといえば父親と子との関係は弱く、家庭のなかで父親としての存在も希薄でしたが、しかしそれらも現代日本の平均的な父親像であるといえなくもない範囲でした。

つまり、全体からみれば仲よし五人組はどこにでもいる子どもたちであり、どこにでもある家族でした。また学校はといえば、住宅に囲まれた都市近郊の平均的な規模の中学で、大半の子が高校に進学する、これもまたごく普通の中学です。棒を持った体育会系の巨体の教員がにらみをきかせていましたが、当時はそうした教員が一人か二人はどの中学にいたもので、K中学が特別なわけではありませんでした。むしろK中学は、大きな問題が発生していない、問題のない中学校という評判が地域にあったくらいです。

以上をまとめると、仲よし五人組の不登校問題はどこにでもある中学の、どこにでもある問題でした。K中学の生活主任の教諭の言葉が忘れられません。「実際、こうした子どもたちは教育から抜け落ちている。しかし現実問題、学校はもっと大変な子らの対応に追われている。おとなしくしていてくれるのなら放任するしかない」

校内型不登校の問題点は何か

それでは校内型不登校の問題点は何かを、この事例で考えてみます。

仲よし五人組は、校内型の不登校を約一年半続けていました。ただし実際は欠席ではないので不登校ではありません。仲よし五人組のうち四人は私立の高校に入学できました。欠席の数が入試にさしさわりがなかったのです。それはたしかに幸いなことでした。しかし高校進学したのもつかのま、まずA夫が着座がきついと言って休みはじめています。B夫は友達ができないと言って休みはじめました。C夫は通学時間帯がラッシュとぶつかって疲れると言って休みました。それでもD夫が休みはじめるまでは、それぞれがそれなりに登校を継続していたのです。D夫が休みはじめてからは先に述べたような展開になりました。

登校していても教室に入らない不登校を私は校内型不登校と呼び、この子どもたちは学校教育や家庭教育から放置されていると指摘してきました。この子どもたちのことは「不登校」として親も教師も社会も認知し、援助を必要とする不登校であると位置づけ、子どもたちの社会心理的自立のための援助のプログラムをつくらなくてはならないのではないかと私は考えています。

振り返って、校内型の不登校の問題点をあげてみましょう。まずあげられるのが校内型の不登校の子らの生活の実態は、親も学校の担任も社会もほとんど知らないという点です。知らない、だから対策もたてられないのです。次は、この子どもたちの将来を誰も真剣に考えていないという点です。親の亡きあと、誰がこの子どもたちの生活の面倒を見るというのでしょうか。子どもの関係者の誰もが、なんとかなるという安易な思いをいだいていないでしょうか。次にあげられるのが、保健室などへの登校をいいことのようにいう日本という社会があることです。

私はそれを「やさしさの虐待」であるとみています。保健室や相談室の登校を促す援助の関係者も実際にいます。「無理しなくていいよ」とやさしく言われて放置される子は、しかし、いいことしていると誤解したまま、卒業までの時間を費やすかもしれないのです。

最後にふれなくてはならないのは、問題解決を先送りにする日本という国の社会システムについてです。いみじくもK中学の生活指導の教諭がつぶやいているように、「いまはもっと大変な子の対応に追われているから、この子らはしかたがない」のが現状です。でも考えてみてください。E夫たちもある日、その「もっと大変な子」になるかもしれないのです。

私は一様に進路変更をよくないことだとは考えているわけではありません。高校中退も一概に問違ったことも考えているわけではありません。しかし、もし朝、起きられない、友達ができない、ラッシュがきつい、思ったとおりにことが進まないからいやだ、などの理由で進路を変更したり高校を中退するというのならば、私は反対します。がまんができない、友達ができない、体力が続かない、わがままがつうじないから不満だという理由ならば、むしろ登校を続けることでそれらを乗りきれることこそ子どもたちには必要とされることです。高校にかよい続けることは、この子どもたちにとってまたとない成長の機会をもたらす可能性を残しているのです。

3　校内型不登校を生み出した大人たちの責務

しかし、仲よし五人組にそれらを期待することは無理がありました。中学の一年の二学期から、好き勝手放題な生活を経験させてしまっていたからです。とくに私は、社会的な場である学校で好き勝手ができたという経験は、その後の子どもたちの生活に多大な影響を残した可能性があるとみています。そこで学習した社会に対する甘い認識は、そうやすやすとは変えられないのです。何かの不都合があったり何かのストレスがあれば、再度そうした安易な生活を求めて行動してしまうのには、しかたがない面があります。

五人組が誤解するに十分な環境を、周囲の大人たちが長期にわたって提供してきたわけだからです。こうした過ちは二度と繰り返したくないと私は思っています。私を含む周囲の大人は、自分たちの責任を振り返らなくてはならない、と思っています。そうすれば新たな仲よし五人組があらわれるのを防げるかもしれません。

第5章　不登校のこれから、そしてどうすべきなのか

さて第1章で現代の不登校を概観し、私の基本的な援助におけるスタンスを明示するとともに、「不登校と父親」の関係について振り返り、本書の目的を明らかにしました。

第2章では、読者の実践例を掲載しています。現実のもつ迫力と説得力がある内容は、不登校にかかわっておいでの方にとって、なによりも参考になる章でないかと思っています。第3章は、私が提唱する現代の不登校の類型を事例とともに詳しく述べました。ここは前著の『不登校と父親の役割』を読まれた方から、もっと説明してほしいと望まれた部分で、それに応えたつもりです。援助の方法を参考にしていただければと思います。第4章では、多岐にわたる不登校のなかで、私がいまいちばんの課題としている校内型不登校の援助の実際を振り返って考察をしました。保健室や相談室などへ登校してくる子どもたちこそ、不登校と認識して、しっかりと対応していかなければならないというのが結論です。そしてこの章では総まとめと不登校の援助の今後の課題を五点あげ、本書を締めくくろうと思います。

1　生活問題としての不登校

不登校の子どもの生活にはいくつかの共通した特徴があります。多くの子は目覚まし時計で起床できません。食事に関しても好き嫌いが激しく、栄養のバランスに偏りが見られます。体調をくずしやすく、カゼを引きやすい子どもが多くいます。学校の用意を母親まかせにしている子も多く、忘れものをすると母親に持ってこさせるのです。子は忘れものを母親のせいにして、母親を責める傾向が見られます。責任感が育っていない子も多く見受けます。たいていの子は家事の分担をせず、手伝いをしたことがありません。家のなかでは王様のようにふるまっている子も少なからずいます。

対人関係ではささいなことに傷つきやすく、傷つくとなかなか立ち直れません。関係のストレスに弱く、言葉による自己表現が幼稚です。感情のコントロールもうまくできずに、パニックになりやすく、自己中心的な行動をとりがちです。ケンカができずに、競争から身を引きやすい傾向もあります。友達との関係よりも母親との関係が強いのも大きな特徴です。

これらの傾向は一般の子にも見られますが、不登校の子どもたちはこれらの傾向をやや強くもっていて、該当する項目も多いといえます。しかし、全般的にいえば普通の子どもたちで、ごく普通の家庭に育っています。両親も常識的で道徳的な普通の人びとなのです。言い換えれば、不登校は、どの家庭にも起こりうること、なのです。

ちなみに、生活上の自立の未達成や人格の未成熟さは、放置していてもそのうちによくなる、ということはまれです。むしろ時間の経過とともに生活や人格の歪みとなって、人生の可能性に影響を与えていく場合が多くあります。不登校の子のどこが問題かといえば、心理・社会・教育的な配慮がよりいっそう求められているにもかかわらず、そうした場から彼らが離れている点なのです。このような傾向の子どもにこそ、家庭と学校と地域が結託して心理的・社会的・教育的にかかわっていく必要があるのです。

つらいことに耐えること、いやなことから逃げないこと、将来のために勉強をすること、人との関係をつくること、無理をしなくてはならないこともあることを学ぶこと、どれも日々生活のなかで出合うことばかりです。不登校の子どもだからこそ、なお、そうしたことを学ばなくてはならないのです。生活上のストレスに耐える力を培う機会を、周囲の大人は学校に行っていない子どもたちに保障していかなければなりません。不登校の状態像が変化し、現在は生活の問題としての不登校が大半なのです。

ただ全体からいえば生活の問題としての不登校が大半ですが、全部ではありません。これまで述べてきたように、医療型は、治療を含む生活という全体の視点をもたなくてはなりません。非行犯罪型は再犯防止・未然防止と生活の両面を見ながら、不登校を解決していかなければなりません。私が申し上げる「生活問題としての不登校」とは、教育サイドの対応や心の対応だけでは解決しない現代の不登校の問題の複雑さを表現したものです。

2　不登校の問題と家族の問題の関連

不登校の問題に関連して並行して考えていかなければならないことの一つに、離婚の増加の問題があります。第4章でとりあげた仲よし五人組のなかで、Ｅ夫の親が離婚しています。Ｅ夫は父親と二人で生活していました。Ｅ夫は小学校の高学年から断続的な不登校がありました。Ｅ夫の不登校の問題と両親の離婚の問題は関連がありそうにみえます。しかし不登校の全体からいえば、離婚家庭の子女の不登校の割合はけっして高くはありません。つまり離婚イコール不登校ではないのです。とはいえ、離婚にいたるまでの家族の不和が、子どもの心身の発達に思わしくない影響を与えることは明らかです。

二〇〇一年度の離婚件数は三十五万件、グレイゾーンはその四倍あるとみられています。およそ百万組が離婚を考えているか、離婚の状態であるといわれているのです。問題は離婚の数よりも離婚のグレイゾーンの家族です。日本には家庭内離婚の件数が多い――これは、欧米では考えられない特異な結婚の形態です。

「四十代の男性は家庭のなかで自信をなくしていて、その葛藤処理の大半は妻と視線を合わせずに、口をきかないという冷戦状態である」というアンケートの結果があります。私は、そのような家庭のなかで育つ子らは、将来どうなっていくのだろうかという点を心配しています。また同時に、このような生活が子どもたちの不登校の発生に関与する影響について、深刻に考えています。一九八二年に『母原病』（教育研究社）が、九七年に『父原病』（大和出版）がベストセラーになりました。両書を著した久徳重盛は「現代は男性が女性化し、女性が男性化し、生物として混乱を生じている」と述べています。筆者も二十年にわたる臨床経験から、同様の印象をもっています。家族の危機管理をする母親、父親の不在と責任回避、父親以上に母親をいたわる子どもたち。臨床から浮かび上がってくる現在の家族は、役割の混乱を大きな特徴としています。

明るく見える現代の不登校はあくまでも教室から見た姿で、地域や家庭から眺めた姿とは異なっています。家庭から不登校の子どもたちの生活を眺めてみると、また違った様相が見えてくるのです。多くの不登校の子は家族思いで、家族一人ひとりのことを大変に気遣っています。子どもたちは家族の関係、とりわけ両親の関係に気遣い、さらに父親の仕事の調子や母親の気分やきょうだいの仲などに気を使っています。そして、自分がなんとかしなくてはならないと心を砕いています。母親の相談役を担っている子は少なくありません。

不登校の子どもたちは家族のなかの役割をみずから担い、役割を演じつづけています。家族の維持に腐心し、一方で消耗もしています。友達から離れてしまうのではないかと焦りを感じ、学業に遅れをとるのではないかと心配しています。明るい不登校は、教室や担任から見た子の姿であって、子の内実はかなり違ったものである可能性が大なのです。

もっとも、なかには家族思いではない子どももいますし、またすべての子が役割演技をしているわけではありません。また役割演技をしていたとしても、現代の不登校の子はそれをおくびにも出さないのが常です。むしろ家族のお荷物、厄介者としてふるまっている場合が多いのです。

不登校の子は社会的役割と家庭内の役割をバランスよく演じることができません。家族内の役割に重点をおくため、家族関係以外の人間関係に回すエネルギーが不足している子が少なからずいます。そうした子は友達関係などから身を引きやすいのです。

二〇〇一年度の自殺者は全国で三万二千人で、三年連続で三万人を超えています。残された遺書から分析すると事業不振や失業などの経済的な理由が大半を占め、そのうち五十歳代の男性は前年よりも一〇パーセント増えています。不況によるリストラなどの影響がうかがえます。四十歳、五十歳の男性といえば、多くは子どもはまだ中・高生でしょう。私も、自殺した父親の子どもの不登校の援助をした経験が複数ありますが、現代の世相の影響を受けて翻弄される家族と、そのなかで生活するしかない子どもたちの不登校の問題の関連はじつに痛ましいものがあります。現代の不登校の周辺は、時代の波を受けて混迷の度合いを強めているのです。

3　現代の不登校の新しい動き

現代の不登校のなかにも新しい動きがあることを、ここでふれたいと思います。新たな動きとして、型から型へ瞬時に変化する不登校の子どもも登場していることをまず報告しなくてはならないでしょう。在宅自閉型の子がいきなり不良グループと付き合うようになる、あるいは不登校以外にめだったエピソードのなかった子がいきなり大き犯罪をおこなう、などの事例が発生しています。神戸や黒磯の事件をきっかけにいきなり型がマスメディアで脚光を浴びるようになりました。たしかに型から型へ瞬時に移動する新しい型の不登校が近年増加している、という印象を私はもっています。

問題は、ある型から別の型への瞬時の移動だけではありません。このなかには複数の型が入り交じった新しい型も登場しています。いままでは、在宅自閉型と非行犯罪型はきわだった症状の違いがあって見立てが容易でした。しかし近年、在宅自閉型でアルコールや覚醒剤の乱用をしていた子や、深夜徘徊して窃盗行為をしている子などが登場しています。数としてさほど多くはないものの、確実に増加しているという感触を私はもっています。

それ以外に、状況の変化に応じて症状が変化する子もいます。単身赴任の父親が帰ってきたのと同時に在宅自閉型から非行犯罪型へ移動したり、きょうだいの受験との関係、祖父母の介護、親の仕事や病気との関係で周期的に不登校の型が変化する子がいるのです。しかも、理由がはっきりしない場合も多く、周囲は子の変化を理解できず、振り回されることもたびたび見られます。

現代の不登校は、型にはめること自体がなじまないのかもしれません。型にはめて解決はこうであると言えない複雑さが、現在の不登校の特徴であるともいえます。型から型へ瞬時に移動する複雑性が現代の子どもの行動特性であるともいえましょう。それは多分に、混沌とした現代社会の特性を反映したものでしょう。

こうしていくと、不登校を類型化しても意味がないともいえます。類型化は決めつけでしかないという批判もあります。それでもあえて私が類型化をおこなうことの目的は、新しいタイプの不登校としか説明することができなかった、現代型の不登校を明らかにしたいからです。現代型ないし新しい不登校とでしか説明されてこなかった子どもたちの生活を明らかにして、社会としてこの子どもたちの問題に直面することを促したいのです。私の現在の分類でも、在宅自閉型・非在宅校内型・非在宅校外型の対応はいまのままでいいのか、真剣に討議する必要があると私は思っています。だからなおのこと、そのためには類型化というプロセスがどうしても必要だったのです。

4　不登校の今後の課題

二〇〇一年度、文部科学省は小・中学校の不登校の児童生徒の数を十三万四千人と発表しています。不登校の増加傾向は相変わらずだが増加率は鈍化した、と同省は報告しています。そして鈍化した理由を「相談体制の充実」と説明しています。

それは本当でしょうか。不登校問題は解決の方向に向かっているのでしょうか。保健室や相談室が不登校の発生数の隠れ蓑になっていることはないでしょうか。保健室や相談室が本来の目的を逸して、ほかの目的に利用されていることはないでしょうか。相談体制というきれいな言葉で隠されてしまう子らの生活実態はどうなっているのでしょうか。そもそも、子どもたちは本当に相談という体制に保護されているのでしょうか。

私がこれらの危惧をぶつけると、援助者の多くは「そのようなことを言うのではない」と眉をひそめます。「とにかく保健室でも登校できているのですから、十分ではないですか」と言う援助者もいます。同じように思う方は読者のなかにもおいでかもしれません。そして、「不登校をしていたことはマイナス面ばかりではない、必ず何か役に立つはず」と言うかもしれなません。いまや「やさしさ」によるプラス思考は時代の気分とさえいえます。

たしかに私もそう思う部分はあります。しかし私は、「不登校の経験は将来かならず役立つ」と子どもたちに約束ができません。もし仮に不登校の子らが社会に巣立つときがきたならば、そこでの経験はたしかに役に立ちます。しかしもしも社会に巣立つことができなかったのならば、そうした経験があだとなってしまうのです。私はこのような実際の現実をたくさん目にしてきました。

「子どもの意志を尊重するという耳当たりのいい理由で放置された子どもは、長期に家に引きこもり、社会的に自立が困難になってしまう」と警鐘を鳴らした第2章の手記の執行羊子さん、さらに「自由という束縛のなかで、責任だけ背負わされて身動きできなくなった子どもたち」と現代の不登校の親子関係を表現した後藤弘美さんらの指摘を待つまでもなく、現代の不登校の援助の方法には再検討を要するいくつかの項目があります。

また第2章の手記のなかで、「休学してやり直した方がいいのでは」と高校から言われたA男君の親、「登校しなくても大丈夫、子どもの心をわかってあげましょう、学校に行かなくていいんですよ」と言われたC子さんの親、二組とも、学校や医師など援助者から、不登校は解決しなくてもいいと諭されています。「本当は僕は学校に行きたい」とB夫君は言っていますが、本当に不登校のほとんどの子はそう思っているのです。それなのになぜ、親や子の気持ちとずれたところで援助が展開されるのでしょうか。その援助の方法は間違ってはいないのでしょうか。

不登校を解決するには子の心の理解も必要ですが、それ以上に子の学校生活と家庭生活の関係の調整が必要であると私は考えています。子の内界の変化だけで不登校を解決できる時代ではなくなりました。解決には子の発達という視点から心と生活の全般への介入が必要です。そのさい、不登校の型を見極めて迅速に介入すべき子と、ゆっくりと子の成長を見守るべき子と、対応を変えないといけないでしょう。ひとくくりにできない複雑性が現代の不登校のかたちの特徴だからです。

今回は現代の不登校のかたちの全体像を明らかにしました。そして校内型の不登校を代表に対応方法を検討しました。読者は第４章の仲よし五人組の援助のプロセスを暗澹たる思いをいだいて読まれたでしょうか。たしかに、不登校の援助はなるようにしかならない面があります。しかし五人組のB夫の父親のような決意と行動があれば解決は不可能でないのも事実です。

あきらめることはないのです。父親が現実に直面して子を導けば、子は父親の行動から多くを学び、現実の生活のなかで何をするべきかを考えはじめます。現代型の不登校の解決は、じつをいうとこのような、旧来から言われている教育の基本を再発見することでもあるのです。

5　私たちがこれからするべきこと

「まず学校を変えよう」というのは、ある全国紙の社説のタイトルです。不登校をとりあげたその社説では「無理に学校に行くことだけが生きる道ではないとの考えも定着しつつある」としています。そして「鍵をにぎるのはなんといっても先生だ。一人ひとりの良さを見つめ」と熱心な先生であるべきと述べています。こうした記事を目にするたびに、私は暗い気持ちになります。記事には直接書かれていないものの、不登校は学校側の責任であると指摘しているように思えてなりません。

繰り返しになりますが、言います。不登校の原因はわかりません。子らは何かの原因があって結果として不登校になっているのではありません。子は登校していないという状態であって、その原因も結果もわからないのです。ただわかっていることは、いまの生活は子の仮の姿であって、人生のすべてではないという点、登校をしている姿は子の人格の一部であって全部ではないという点、不登校をしているという生活ではなく生活のなかに不登校という部分があるという点です。しかしそれがわかっていても、不登校をしている生活は将来のそれに拘束を与えるという事実からは逃げることはできません。子はいずれ大人になるのです。大人になったときに子どもの不登校の結果の責任をとることになる、そのことは避けようがない事実なのです。

しかしながら、子にすべての責任を科すことができるのでしょうか。親としての責任や子の周囲の大人としての責任はないのでしょうか。周囲の大人はこぞって「保健室や相談室へ行ったら」とやさしくすすめ、担任は「無理して勉強しなくていいから」と温かい言葉をかけます。その一方で、授業妨害する生徒は出席停止、と学校側は行政処分を下します。親のなかには、「そんな学校に行くんじゃない」と子の登校を禁止する者もいます。すべての大人が、すべての学校が、すべての援助者がそうであるとは言いませんが、大人たちのとる行動は一貫性がなく、その場しのぎを重ねているように見えるのです。まず足下を見なくてはならないのは、そうした大人たちではないでしょうか。

いま、憲法の理念にもとづいてつくられた教育基本法の見直しが進められています。教育基本法の見直しを含む戦後教育の総点検が進められています。教育は大きく変わろうとしています。以前のように、教育システムに問題があるから子らが犠牲になっているという、一辺倒な批判はとおらなくなっています。子を取り巻く環境としての大人のあり方を、自分を含めて点検したいと思います。

あとがき

本著を閉じるにあたって、いまいちど確認したいことがあります。前著『不登校と父親の役割』で私が提案する「父親による第二の出産」についてです。読者のなかには父親が強引に子を学校に連れていく方法は従来のやり方と同じだ、と思った方もおいででしょう。たしかに一見して似ています。しかし、内容がまったく異なるのです。従来のやり方は、不登校をしている子どもが悪い、子が怠けて学校に行かないと理解していました。だから親や教師が無理やりに引きずって登校させました。その結果として子らの心を傷つけたのです。

「父親による第二の出産」は、子は学校に行きたがっている、親も登校したほうがいいと思っている、教師も一日でも早く登校したほうがいいと思っている、という三者の思いが一致しているときの解決の方法です。その条件下では父親が立ち上がって、子の登校に三日以上連れ添うと解決する可能性がある、と私は言いたいのです。現代の不登校の様態は変化しています。以前は神経症的な不登校が大半でしたが、現代は大半が日常生活のあり方から不登校という状態になっていると考えるからです。

不登校の原因はわかりません。不登校は何かの原因があって結果として不登校になっているのではありません。不登校は子の生活の一部ですが、生活のすべてが不登校ではありません。生活のほとんどは普通であり、部分として不登校の生活があります。また不登校は子の人格のすべてではなく、人格の一部なのです。そのことをよく知っているのは親なのです。だから親が解決にいちばん適していると私は考えています。

もう犯人探しはやめましょう。原因探しをやめましょう。そこでのエネルギーを不登校の解決に結集しようではありませんか。やさしくすることはいつでもできます。解決する可能性があるときは、厳しく子に接しなくてはならないかもしれません。それでも子が将来の可能性を閉じずにいることができるのなら、そこでの苦労は報われます。

あきらめなくてはならないときもあります。しかし、あきらめるには早すぎる子もいます。もし多少のリスクを覚悟のうえであきらめないことを決心するのならば、本書が役立つでしょう。本気で子の不登校を解決しようと思うときに、この本は役に立つはずです。

手記を寄せてくださったIさん、Yさん、Nさん、そして執行羊子さん、後藤弘美さんに感謝します。また今回は掲載することができませんでしたが、たくさんの励ましの言葉を送ってくださった読者の方々に感謝します。さらにこの原稿ができあがるのを見守っていてくださった青弓社の矢野恵二氏に感謝します。ありがとうございました。みなさま方の応援があって出版にこぎつけることができました。

二〇〇二年六月

石川瞭子

石川瞭子（いしかわ・りょうこ）
日本社会事業大学大学院社会福祉学研究科後期博士課程修了
聖隷クリストファー大学社会福祉学部教授、認定臨床心理士、博士（社会福祉学）
著書に『子どもの性虐待』（誠信書房）、編著書に『不登校を解決する条件』『スクールソーシャルワークの実践方法』（ともに青弓社）、『性虐待の未然防止』（至文堂）、共著に『精神保健学』（中央法規出版）、『「現場」のちから』（誠信書房）ほか

不登校《ふとうこう》から脱出《だっしゅつ》する方法《ほうほう》

発行　2002年9月5日　第1版第1刷
　　　2011年8月5日　第1版第5刷
定価　1600円＋税
著者　石川瞭子
発行者　矢野恵二
発行所　株式会社青弓社
〒101-0061 東京都千代田区三崎町3-3-4
電話 03-3265-8548（代）
http://www.seikyusha.co.jp
印刷所　厚徳社
製本所　厚徳社

ISBN978-4-7872-3204-5 C0036